家族写真

3・11原発事故と忘れられた津波

笠井千晶

小学館

家族写真

3.11 原発事故と忘れられた津波

笠井千晶

小学館

プロローグ　旅のはじまり

金曜の夜。名古屋の繁華街・栄で地下鉄を降り、地上3階のバスターミナルに急ぎ足で向かう。撮影機材一式を入れた二段積みのキャリーケースを引きながら、右肩には三脚、左肩には手荷物をいれたショルダーバッグを背負っている。腰まで隠れる厚手のニットを重ね着し、マフラーにダウン。足元は内側がボア布地の防水ブーツで、その上に履くレッグウォーマーも欠かせない。名古屋では、真冬のこの時期であっても少々浮いてしまいそうなほどの防寒対策だ。お目当ての夜行バスに乗り込み、狭い車内で自分の座席を確保すると、ようやく安堵する。今夜もどうにか旅に出られそうだ。

夜10時、バスの車内は消灯時間を迎える。遮光カーテンの隙間から、わずかに高速道路の街路灯の明かりが漏れている。路上に等間隔に設置された照明は、規則的に車内に差し込んでくる。その光のリズムが、なんだか波のように心地よく感じられ、急速に眠気に襲われる。この1週間、私の身体は会社の仕事で疲れきっていた。

闇をゆく長距離バスの車内は、私にとって2つの世界のギャップを埋める、緩衝地帯のような空間だ。私が暮らす日常と、被災地と呼ばれる場所での非日常。そこを行き来する私の心をリセットするのが、この一夜の旅だった。こうしてバスに揺られるのは、3年あまりで、すでに100回を数えていた。周囲の誰にも言わず続けてきた、自分だけの大切な時間。目が覚めれば、そこは〝被災地 東北〟の玄関口、仙台だ。

早朝6時40分。降り立つ真冬の仙台駅前は、閑散として寒々しい。頬に、屋外のひんやりとした空気が触れる。この時間帯、身支度を整える場所は、バスターミナル内の簡素な洗面台しかない。凍り付くかと思うほど冷たい水道水に、思い切って手を差し出し、顔を洗うと一気に目が覚める。

仙台からはレンタカーのハンドルを握り、国道をひたすら南下する。名古屋を出てから13時間近くかかり、ようやく到着するのは福島県南相馬市だ。原発事故の影響で避難指示区域も残るこの街を、私が初めて一人で訪れたのは、震災の年の夏だった。

2011年3月11日。名古屋市にある中京テレビの報道フロアにけたたましい警報音が鳴り響いた。時刻は午後2時46分。当時、私は報道部のディレクターとして働いていた。報道記者として新卒で入った静岡放送を辞め、しばらくアメリカに留学していたが、帰国後に中京テレビの知人に誘われて3年前からお世話になっていた。

まもなく社屋全体が大きな横揺れに見舞われた。震源は宮城県沖、東北地方で震度7

という速報が入ってきた。翌日の夕方には、福島第一原発の1号機が爆発し、さらに2日後の14日、今度は3号機が爆発する。私はこの映像を信じられない気持ちで、ただ遠い世界の出来事のようにモニター画面で見つめていた。しかし徐々に、自分の中に「現場に行ってみたい」という葛藤が芽生えるようになる。

3か月後の6月上旬。私はようやく会社に企画書を出し、初めて福島に取材に入った。行き先に選んだのが、福島第一原発にも近い南相馬市だった。数年前から取材をさせてもらっていた名古屋市のNPO団体が、現地で活動するのに同行したのだ。チェルノブイリ原発事故後のウクライナで、医療や農業分野での支援活動を続けている団体だ。原発事故の影響下で生活を続ける市民の生の姿を取材しようと意気込んでいた。

放射能の影響は怖くなかったと言えば、嘘になる。心配してくれる家族の顔が浮かんだ。それでも「やはり行ってみなくては」と覚悟して、提出した企画書だった。

この時の取材にあたり、会社は様々な条件を課した。「少しでも線量の高いエリアには極力入らない」、「1時間おきに空間線量を電話で報告」、「毎日クルー全員の積算被ばく量を記録」……。社内では放射能のリスクを心配し、汚染地域にスタッフを行かせることに否定的な意見もあった。

組織として、社員の安全を守るのは当然のことだ。しかし、こうした制約の中で取材に専念することは困難だった。結果として、この時に強く感じたことは、同行してくれた取材クルーを被ばくのリスクに巻き込んでしまったという自責の念と、制約が多すぎる取材環境への失望だった。

南相馬市での取材中、第一原発が立地しているはずの同じ海岸沿いの様子を見たいと考え、車を走らせた。当時、立ち入り禁止となっていた第一原発の20キロ圏内は、「警戒区域」と呼ばれていた。その境界線から目と鼻の先には、名も知らぬ津波被災地区が広がっていた。コンクリートが剝ぎ取られガタガタに寸断された道、集積された瓦礫の山、砕けた堤防の巨大なコンクリート、水捌けが悪く沼地のようになった土地。そこを、工事用の大型ダンプカーが砂埃を巻きあげながら行き交っていた。

こうして一面津波にさらわれた地区を目の当たりにしてもなお、私には、そこで多くの人命が奪われたという実感がなかった。その時は、そこに足を踏み入れようとさえしなかった。私の意識は依然として、原発事故と放射能のことにしか向いていなかった。

この時、私は気付かなかったが、遠くに一軒の日本家屋が見えていたはずだ。そして数か月後、私は知ることになる。メディアが「危険」だとして立ち入らなかった場所にとどまり、瓦礫の中を死に物狂いで、家族を捜し続けた人たちがいたことを。そして、見つからない我が子の亡骸を、抱きしめてやることさえできない人たちがいることを。

2014年冬。私は、会社に辞表を出した。大学卒業から15年余り、テレビ局の報道現場の仕事には、心底やり甲斐を感じてきた。しかし南相馬を週末ごとに訪れる中で、テレビという枠組みの中だけでは、収まらない仕事があると思った。それは何年もの時間をかけ、被災当事者の心の内側深くに光を当てるということだった。効率や締め切りに縛られず、当事者と同じ歩調で、心を通わせる。そうすることで初めて、胸の奥深くにしまわれた本当の声が聞こえて来た。そのことに気付かせてくれたのは、他でもない、これから私がこの物語で綴る、津波被災当事者のご家族だった。

『Life(ライフ) 生きてゆく』というドキュメンタリー映画がある。私が2011年から5年半にわたりプライベートで福島に通い、一人で撮りためた映像によって制作した自主制作映画だ。公開は2017年5月。この映画を作る過程で、理解したことがある。震災の犠牲者の命は、遺された家族の中に生き続け、生き遺った人々は、死者を想うからこそ生きていけるという事実だ。幼い我が子の死に直面し、絶望的な悲しみに沈んだ親の心が回復するプロセスは、人間の安易な想像をはるかに超えた、奇跡の瞬間に満ちていた。私は、その目撃者となった。

夜行バスで繋がった二つの世界は、年を追うごとに距離を縮め、溶け合い、今では私の中で一つの世界になっている。非日常と思いながら関わり始めた福島が、今の私にとっては、かけがえのない自分自身の日常生活の一部になった。

そしてもう一つ、映画には描かれていない、制作者としての私のＬｉｆｅがそこにはある。震災の死者と、震災の生存者との間で、時間をかけて紡ぎ出されていった物語の世界に、私自身の人生までもが巻き込まれていった。書くことで、この数年間の道筋を、改めて辿る旅に出たいと思う。

今回の執筆内容はすべて、映画『Ｌｉｆｅ　生きてゆく』を作る過程で撮影した映像と取材内容、そして私自身の体験に基づいて記した。

目次

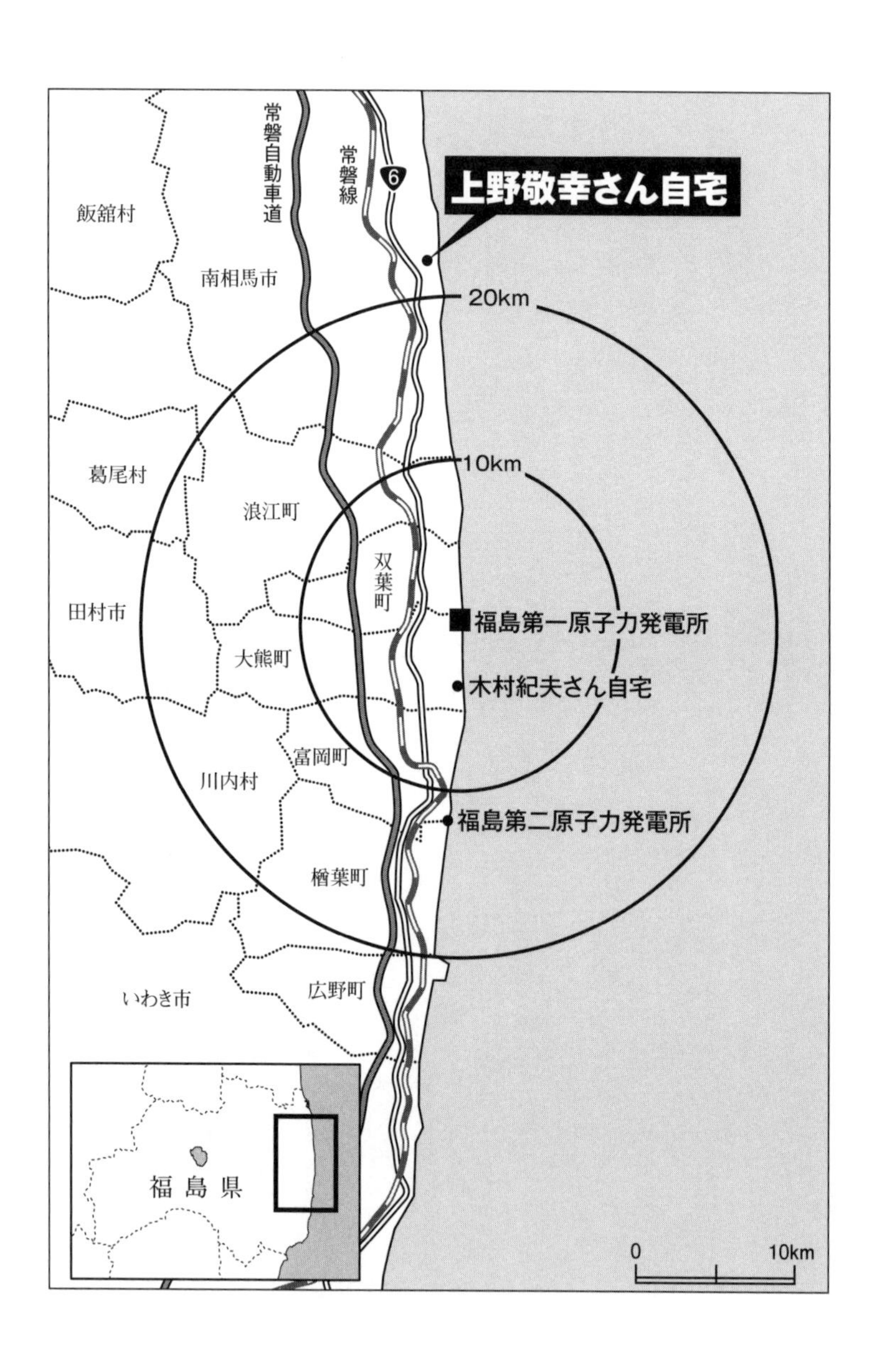

上野敬幸さん自宅
常磐自動車道
常磐線
6
飯舘村
南相馬市
20km
10km
葛尾村
浪江町
双葉町
田村市
福島第一原子力発電所
大熊町
木村紀夫さん自宅
富岡町
川内村
福島第二原子力発電所
楢葉町
いわき市
広野町
福島県
0
10km

〈第１章〉大津波と出会い

（2011年8月—2012年2月）

一人、福島へ

東日本大震災から5か月を迎えようとしていた、2011年夏。たまたまネットで検索した記事に、思わず手が止まった。「復興ヒマワリにっこり　南相馬の農家」（河北新報8月11日付）とあった。記事に書かれていた場所は福島県南相馬市の萱浜（かいはま）地区となっていた。地図を見ると、2か月前に中京テレビの取材で訪れた場所の近くだということがわかった。

「休日に、このヒマワリを見に行こう」

そう思い立った。月末近くには、ちょうど代休も兼ねて週末の3連休をもらえることになっていた。新幹線では時間がもったいないと、仙台行きの夜行バスを利用することにした。

きっかけは多分、何でも良かったのだ。自分で自分の背中を押すために、何かしら福島に行く目的が欲しかったのかもしれない。記者としての使命感などではなく、単純に福島で何が起きているのかを肌で感じておきたかった。ジャーナリストという職業に生涯携わっていこうと考えていた私にとって、たとえそれがすぐには形にならなかったとしても、自分の足で現場に立ち、自分の目で見ておかなくてはいけないと思ったのだ。そしてせっかく行くのならと、あまり活用する機会のなかった自前のビデオカメラを持っていくことにした。

この時、最低限線量計は必要だろうと即座に思った。自分で被ばく量さえ正確に把握していれば、放射能に関しては心配ないと考えていた。すぐにインターネットで検索し、ウクライナ製のものを7万円ほどで購入した。

こうして私はビデオカメラを手に一人、福島へと出発したのだった。

8月25日に名古屋を発った夜行バスは、翌朝、仙台に着いた。仙台駅前でレンタカーを借り、国道6号線を南下して南相馬を目指す。極度に朝が弱い私にとって、夜行バスでの眠りは十分とはいえず、ハンドルを握りながらも猛烈な眠気に襲われる。何度もコンビニの駐車場で仮眠を取りながらの移動となった。

国道6号線は、東に太平洋を望む福島県の海岸に沿って、内陸に2〜3キロほどの場所を南北に貫いている。長年この地域の幹線道路としての役割を担ってきた。北は仙台から福島を縦断し、茨城、東京へと約360キロ続く、地域の大動脈だ。

この国道6号線に沿って福島第一原発の北10〜40キロに位置するのが南相馬市だ。元々は3つの町が合併してできた市で、北から順に鹿島区、原町区、小高区という3つの区から成っている。震災前の人口は7万1000人ほどだったが、震災と原発事故の影響で、一時は1万人を切るまでに激減した。震災から5か月が経つこの頃には、避難先から戻る人も増えたが、それでも震災前の6割以下となる人口4万人余りとなっていた。

南相馬市に入るとまもなく、津波の爪痕があちらこちらに手付かずのまま残されている風景が目に飛び込んで来た。国道のすぐ脇の草原に無造作に打ち上げられた漁船。教室が水没し泥にまみれた小学校の校舎。そして「この先、立入禁止区域」という標識が目に入った。〃自己責任〃という言葉が頭をよぎり、すこし怖くなる。勢いでここまで来てはみたが、やはり多少の覚悟がいることではあった。

市の中心部を過ぎ、国道6号線をさらに車で5分ほど南下すると、それ以上先へは進むことができなくなっていた。道の真ん中に設置されたバリケードによって行く手を阻まれている。福島第一原発から北に20キロの地点だった。ここから先は許可証を持っている車両でなければ入ることはできず、立ち入り禁止とされていた。国は震災から1か月後、原発の半径20キロ圏内を「警戒区域」に指定した。住民は強制退去させられ、区域内は国の管理下に置かれた。「立入禁止」の看板の脇には機動隊の大型車両が横付けされ、ヘルメット姿の警察官が24時間体制で検問を行っている。街の真ん中に出現した、見えない「境界線」だった。

そこで車を降り、一人で検問の前に立つ。逃げ場のない炎天下の道路沿いだったが、穏やかな風がそよぎ、おかげで汗ばんだ額は涼しく感じた。近くの街路樹からは、セミの声が絶え間なく響いている。見上げると、抜けるような青空だった。私はしばらく、検問の先の山々の奥にある空を眺めていた。この20キロ先には、本当に原発事故の現場があるのかと思

国道に設置された「警戒区域」のバリケード。向こう側には無人となった集落がある

うと、やはり恐怖心が湧いてくる。再びここから先へ自由に入れるようになる日など、永久にやってこないのではないかとも思えた。

ここは2か月前にも一度、中京テレビの取材で足を運んでいた場所だったが、前回と違うのは、そこに満開のヒマワリがずらりと並んでいたことだ。細長いプランターに、一列に行儀よく咲いている。誰が飾ったものだろう。その前を、真っ白い防護服に身を包み、「警戒区域」へと出入りする業者の車両が往来する。その様子を、まるでヒマワリたちが見送り、そして出迎えているように見えた。

日本にこんな場所が存在するという事実は、そこに足を運ばない限り、決して現実のこととして迫っては来ない。

夏の終わりの萱浜で

南相馬市では、国道6号線沿いにあるビジネスホテルに宿泊することにした。福島第一原発からは25キロほどの距離で、いまだ避難指示が続く場所で営業していた。町の中心部からも比較的近く、すぐそばには道の駅などもあった。震災以降閉鎖していた道の駅は、3か月ほど前の6月1日には営業を再開していた。80室ほどの部屋は満室で、私以外の宿泊客のほとんどが男性だった。建設会社など、原発関連の仕事に従事する作業員たちが長期滞在していたのだ。そのため当時は、南相馬市でホテルの予約を取るのは簡単ではなかった。

翌朝、新聞記事で見た萱浜地区のヒマワリ畑に向かう前に、海岸まで行ってみることにした。萱浜は地名からもわかるように太平洋に面した沿岸部の集落だった。南相馬市の市役所がある街の中心部から車で15分ほど東に走ると、萱浜の海岸に出る。

まっすぐに海の方角へと延びる道を車で進んでいくと、ある地点から先は、津波によって跡形もなく流されていた。その境界線のあたりで道路脇に車を停めて降りてみる。目の前に続く道路の両側一帯には、視界を遮るものは何一つ遺されていなかった。

ここは、本当に集落だったのだろうか。ぽっかりと空いた巨大な空間が、そこには広がっていた。目安になる物が何もないために、距離感さえも摑めない。1キロほど先にあるはずの海岸から望める水平線が、地面と平行するように一直線に横たわるのが見えた。穏やかで、透明感のあるブルーだった。持ってきたビデオカメラを取り出し、私はそこから少しだけ風景を撮影した。その時のことだ。私はようやく、自分がその場所を見たことがあると気付いた。萱浜地区は、私が6月初旬の取材で目にしていた、あの津波被災地区だったのだ。前回は南側から集落を望んでいたが、今回は西側から辿り着いたため、最初は気付かなかった。

そこは、福島第一原発から22キロほど北に位置していて、南相馬市の中でも津波の甚大な被害を受けた集落の一つだった。震災前は、およそ300世帯が暮らしていたが、そこで死者・行方不明者を合わせて77人もの人が津波の犠牲になったという。

以前は荒涼としていた風景が、季節の変化とともに、まったく違う印象に変わっていた。ファインダー越しに見える瓦礫の山は青々とした草に覆われ、穏やかな風に吹かれていた。そこに陽炎が揺らめく。津波でさらわれたはずの大地にも、夏の訪れと共に草花は再び萌えるものだと気付かされる。そよ風にゆれる緑は、多くの人の命が奪われた記憶をも優しく包み込んでいるようだった。

視線の先の左手には、一軒の日本家屋が見える。立派な佇まいだが、壁は抜けていて、その空間の奥に水平線が重なって見えた。よく見ると人影が動いている。きっと、その家の住人だろう。

海岸まで行こうと再び車に乗り込み、集落を貫く道を進んだ。そうして初めて気付いたのは、離れて眺めるのと、その光景の真ん中に身を置くのとでは、まったく違う感覚になるということだった。

家々が立ち並んでいたはずの場所をゆっくりと車で進むと、軒並み流された家の跡地にコンクリートの基礎ばかりが続く。壁のなくなった家の間取りを示すように、洗面台やトイレがむき出しになっているところもある。大きな木製のタンスや、中学生くらいの子供が使っていたようなカバンなど、日用品が無造作に放置されていた。生々しく残る、生活の匂い。この場所でたくさんの人が亡くなったという、「死」の記憶が迫ってくるようだった。

私は、祈りを捧げるような気持ちでハンドルを握っていた。悲劇に見舞われた瞬間の現場を直接見たわけではない私の目には、すべてが終わった後の穏やかな風景しか映らない。それでも、この地に刻まれた死者たちの存在感が、私の全身を緊張させる。心にズッシリと、重くのしかかってくる圧を感じるのだ。

途中からは、アスファルトの剝げたでこぼこ道を通り、突き当たりまで進む。そこはもう、目の前が海だ。砂にタイヤが取られないように注意して、車を停めた。

どこにでもあるような海辺の風景は、あの日どんなに恐ろしい姿をしていただろう。想像しながら、波間にカメラの焦点を合わせる。すると、いまにも海に引きずり込まれそうなイメージが湧いてきて、怖くなる。

そこへ、見知らぬ年老いた夫婦が車でやって来た。声をかけると、この萱浜地区の人だという。自宅は津波で流され、最近まで避難所暮らしをしていたが、ようやく隣町の相馬市で仮設住宅に入ったばかりだという。2人は集落の方を指差しながら、話し始めた。

「この辺りは、萱浜だね。南萱浜と北萱浜。この辺は、全く津波の対策してなかったの。あそこにいま一軒、大きな家が、森の前さ遺ってる一軒あるよね。あれはね、どうして一軒だけ助かったんだかわかんないけども。孫2人ね、あと、おばあさんとおじいさんと4人亡くなったの。あの家だけで4人亡くなった」

視線の先には、先ほどの大きな日本家屋が見えた。家の背後には、高さ20メートルほどの小さな木立がある。確かにその家以外周りには一軒も遺っていない。しかし、この時の私に、その家を訪ねてみようというまでの勇気はなかった。

避難指示区域の花火

事故を起こした福島第一原発から20～30キロの範囲には、この頃、「緊急時避難準備区域」という避難指示が出されていた。萱浜地区はこのエリア内にあった。原発が再び緊急事態に陥った場合、自力で避難できない子どもやお年寄りが居住してはいけない、という意味だった。原発事故直後から約1か月続いた「屋内退避」の後に出された指示だ。

そんな地区の中で、海岸から内陸に2キロ、津波の到達点からわずか数百メートル先という場所が、満開のヒマワリ畑になっていた。

驚いたのは、避難指示が出ていることなどすっかり忘れてしまうほど、陽気な雰囲気に包まれていたことだった。ヒマワリ畑の真ん中で、カメラに向かってポーズを取る人たち。大人も子どもも、笑顔で記念写真に収まっていく。そこに、賑やかなライブ演奏の音が響く。屋台が並び、子ども連れの親子が美味しそうに焼きそばを頬張っていた。

辺りもすっかり暗くなった頃、突然「パーン」と乾いた音が響いた。花火だ。気付いた人たちの視線が、一斉に夜空に向いた。音のした方へ駆け出す人もいる。イベント会場の目の前の道路に出ると、少し離れた海岸の方で打ち上げられる花火の明かりが見えた。

「花火ー！　もっと花火ー！」

子どもたちのはしゃぐ声が響く。

避難指示区域で、まさか誰かが花火を上げるなんて思いも寄らなかった。決して、豪華とはいえない。一発ずつ、一発ずつ、ゆっくりと上がる花火は、何とも言えずはかなげで心に沁みた。まるで魂の炎が潰（つい）えていくような光景だった。

すると会場では盆踊りが始まった。

「はぁ～いよ～、今年ゃあ、豊年だあよ～♪　はぁ、こーりゃこりゃ～♪」

米の豊作を願う地元の民謡「相馬盆唄」に合わせて、踊る人たちの輪ができる。皮肉にも原発事故のために、市内の稲作は作付け禁止となり、農業再開の目処は立っていない。踊りの輪の中に、大人たちの振り付けを見よう見まねで踊るあどけない子どもの姿があった。頭上には、ささやかな花火の明かりが、輝いては消えていく。

あの花火は、一体誰が上げているのだろう。日常が失われたはずの街で、こうして夜空を見上げていることが、何だか不思議な感じがした。

この時、花火を上げた家族には、まもなく新しい命が誕生しようとしていた。同時に、彼らは津波で失われた命を想って、私と同じ夜空を見上げていた。その花火に込められた「命の記憶」を、のちに私自身が何年もかけて辿ることになろうとは、この時の私はまだ知らなかった。

それから約1か月後、10月初旬に再び訪れた萱浜の早朝の海岸で、私は一人の男性と出会うことになる。

早朝、海岸の出会い

東日本大震災からまもなく7か月を迎えようとしていた、2011年10月1日。私は再び南相馬市を訪ねた。8月にヒマワリ畑のイベントで知り合った農家の男性が、米の試験栽培をしていて、10月には稲の収穫を迎えると耳にしたのだ。震災後は津波と原発事故の影響で、農業再開の目処は立っていなかったが、試験栽培という形で放射能の影響を調べるために作付けを行ったものだった。今回は、その収穫の様子を見せてもらおうと考え、再び休日を利用して現地を訪ねることにした。

前回泊まったのと同じ国道沿いのビジネスホテルを予約していたのだが、そこは海に面した萱浜地区からも、車で3、4分という目と鼻の先だった。そこで、翌朝は水平線から昇る朝日を撮影しようと思い立ち、夏に訪れた、あの萱浜の海岸に向かった。

朝5時。夜明け間近の空は、まもなく昇る太陽の光を反射して、濃紺から徐々にオレンジ色に変わってゆく。

まもなく水平線の彼方が、熱く眩(まばゆ)く、輝き出す。生まれたての光に、思わず息を呑む。この世のすべての存在に息を吹き込むような、その恵みの光は、カメラを構える私の全身にも降り注ぐ。波間に、オレンジ色の光の道ができる。そして再び思う。この海の向こうに、あの日、どれだけの命がさらわれて行ったのだろうかと。

朝日の撮影を終え、車に戻ろうとした時だった。少し離れた視線の先で中学生だろうか、見知らぬ地元の少年2人が、壊れた堤防のコンクリートによじ登り無邪気にふざけ合っている姿が目にとまった。

「こんな朝早くから元気だなぁ」

そう思って見ていると、一人の男性が少年たちに歩みより、何か話しかける様子が見えた。しばらく話すと、少年たちは申し訳なさそうに頭を下げ、立ち去って行った。私は少し気になって、その男性に声をかけた。60代くらいの男性は、萱浜の人で、津波で妻を亡くしていた。だから、何も知らず無邪気に戯れる少年たちに、ここでは津波で大勢の人が亡くなったと教えていたのだった。今からここで、同じ集落の人たちと行方不明者の捜索をするという。

男性は黙り込み、海の方をじっとみつめたまま、持っていた手ぬぐいで目頭を押さえた。私は手にカメラをぶら下げたまま、男性と2人、しばらくその場に佇んでいた。

と、その時だった。

「なんだぁ!? オラァ!! コノヤロウ、ふざけんじゃねえぞー!!」

突然、ドスの利いた、ものすごい怒鳴り声が背後から響いた。はっとして振り返ると、すぐそこに軽トラックが一台停まっていた。そこに男性が2人飛び乗る姿が見えた。次の瞬間には、猛烈な勢いでエンジンを吹かし走り去っていった。

とっさのことで、私は何が起きたのかわからなかった。しかし一瞬の間の後、我に返る。そして、今起こった出来事を招いた張本人が私であり、私が右手に持っていたカメラのせいだったということを悟った。

軽トラックが、1キロほど離れた視界の先にある一軒の日本家屋のところへ入っていくのが見えた。以前から目にしていた、あの家だ。私も慌てて自分の車に飛び乗り、その軽トラックを追いかけた。


道路に面した敷地の奥まったところに建つその家は、津波で被災していた。1階の壁が抜け、ガランとした部屋が丸見えとなり、無残な状態をさらしている。柱も何本か折れていた。しかし立派な鬼瓦の乗った屋根は、被災する前のままの姿を留めていて、2階部分は壁も窓枠も損傷はないようだった。私は急いで路肩に車を停め、謝罪しようと車を降りる。

すると私の方に向かって、一人の男性が歩み出て来た。頭に白い手ぬぐいを巻き、作業着姿をした30代後半くらいの男性だった。どんなに罵声を浴びせられても仕方がない、と覚悟を決めた。

「ごめんなさい。私……」

そう言いかけた時、男性の方から私の言葉を遮るように、こうまくし立てられた。

「マスコミなんだろう！　どこのテレビだ？　何しに来たんだ！」

その目は怒りに満ちていて、鋭く、私を突き刺すように睨んでいた。

「仕事はテレビなんですが、今日はお休みで、個人的に来ています。それで、一人で名古屋から来ました」

「じゃあ、そのカメラは何だよ。テレビなんだろう！」

どう見ても家庭用ではない、私のカメラを訝（いぶか）しんでいる。メディアに敵意をむき出しにする人が被災地域に多い理由は、配慮に欠けたメディアの側に責任があると思っていた。ただ、私は偶然海岸に居合わせたもので、彼らの行方不明者の捜索の様子を撮影しようと、あの場にいたわけではなかった。その誤解を解きたかったし、何より私のせいで、不快な思いをさせてしまったことが申し訳なかった。

「皆さんにカメラを向けるつもりで、あそこにいたわけではなくて。それでも、気分を害してしまい、本当に申し訳ありませんでした」

男性は私をじっと睨んだまま、「ふーん」という感じで、しばらく聞いていた。しかし最後には、しどろもどろになった私の様子を見兼ねてか、こう口にした。

「もういいから。行っていいよ」

私は頭を下げ、急いで車に乗り込んだ。泣きそうになりながら、心底自分の思い至らなさを悔いていた。一方で、その男性の目が、あまりにも深い悲しみに満ちていて、強烈な印象として心に残った。

「この人には、きっと言いたいことがたくさんある」

それは、記者としての私の確信だった。もしもいつかまたこの人と再会することがあったら、その本当の気持ちを聞いてみたい。漠然と、そんな想いが私の頭をよぎっていた。

それが上野敬幸(うえのたかゆき)さんと私との最初の出会いだった。のちに知ることになるのだが、上野さんこそが、私が夏に見たあの花火を打ち上げていた、その人だった。こうして、物語は始まった。

テレビとしてできること

翌11月も、私は休日に南相馬市を訪れていた。この頃には、福島第一原発からの距離が20~30キロにあたる市の中心部では、「緊急時避難準備区域」の避難指示は解除になっていた。

その結果、エリア内の一部の小中学校が、震災以来初めて再開された。それに先立ち、線量を下げるため、校庭の表土を剝ぐ方法による除染も行われていた。マスク姿で校庭を駆け回る子どもたちの様子を、フェンスの外側から眺める。

公民館の相談窓口には、日々の放射能への不安や、原発事故の賠償金請求のやり方など、多くの相談が寄せられていた。市民生活はまだまだ放射能の影響下にあった。こうした現状は、やはり多くの人に知って欲しかった。

名古屋に戻ると、すぐに会社に企画書を出した。タイトルは、「放射能汚染を生きる」。そして再度、私は中京テレビの取材として、福島を訪れるチャンスを得たのだった。

12月上旬、6日間の日程で南相馬市を訪ねた。移動日を除くと正味4日間の取材だった。初めて中京テレビの取材で福島を訪れた6月から半年が経っていた。この時に会社から課された条件は、線量計を携帯することくらいで、あとはほとんど厳しい制約を受けることはなくなっていた。

市内では学校に続き、公園などでも放射線量を下げるための除染が行われていたが、住宅などの除染はまだ手付かずだった。線量計はだいぶ普及していて、市民も、ただ黙って行政の除染を待っているだけではなかった。ある仮設住宅では、住民たち自ら敷地内の線量を測定していた。みな一様に「人生設計を狂わされた」と嘆いていた。

さらにこの時は、避難でバラバラになっていた地区の住民たちが、震災後はじめて集うという餅つき大会を取材した。たくさんの子どもたちが参加し、みんなで餅を頬張った。

その会場で出会った、小学1年生の娘と母親が、自宅での取材に応じてくれた。放射能が心配だと、外遊びを制限していて、子どもたちは部屋の中で縄跳びをして過ごしていた。

やはり、現地まで足を運んでみないとわからないことが多い。限られた日数だったが、それなりに手応えを感じて名古屋に戻った。

ところが、編集中の映像を見た担当プロデューサーの反応は、冷ややかだった。名古屋から遠い福島の話題は、中京テレビの視聴者が暮らす東海地域とは関係ないし、できれば扱いたくないとでも言いたげだった。ニュース番組といえども、視聴率を意識せざるを得ない。そんなプロデューサーの苛立ちを感じた。

震災から9か月余り。2011年の年末を迎えたこの時期には、政府も「原発事故収束宣言」を発表するに至っていた。

中京圏のローカル放送という枠の中で働く以上、「テレビの仕事として福島のことを扱うのは、この先は難しいかもしれない」と、この時の私は、そんな諦めの気持ちに傾いていた。

再会と独白

年が明けた2012年2月。私は再び、一人で南相馬に向かっていた。今回は、市内で大きなイベントが企画されているという話を聞き、参加しようと考えていた。「南相馬ダイアログ」というそのイベントは、震災後に相次いで立ち上げられた市内の復興支援団体同士が、初めて一堂に集まり、共に町の未来を考えようと企画されたものだった。

いつものように仙台からはレンタカーで国道6号線を南下して、南相馬市に入る。しばらくして交差点を東の方向へと左折し、まっすぐ海岸に向かって走る。行き先は、萱浜地区だ。途中、海岸から2キロほど内陸の道端に、傾いた一隻の漁船が打ち上げられていた。津波でここまで運ばれたものだ。あちこち錆びついて蔦がからまり、船体は朽ちかけていた。あの日から1年近くの時が過ぎたことをその姿にとどめていた。これは、津波の到達点を示す目印にもなっていて、私のようなよそ者がここから先には簡単に足を踏み入れてはいけないと、まるで警告しているかのようだった。

漁船の前を通過し、車でさらに1、2分。まもなく、4か月前の10月にあの男性と出会った場所に差し掛かる。車からは降りずに運転席から、あの日本家屋を眺めた。もちろん、カメラを出すつもりもなかった。

周囲は見渡す限り更地で、その大きな家だけが一軒遺っている。地形の具合で津波の威力が弱まったのか、それとも背後の木立が波を遮ったのか、理由は定かではないが、一軒だけが遺ったのは奇跡という他ない。道路端からは80メートルほど奥まった場所に建つ姿を、やや遠目に見る。1階は壁が抜け柱は折れ、破れた断熱材のビニールが垂れ下がるような無残な状態だったが、2階はほとんど浸水していないようだった。

その被災した家の手前の道路脇に、高さ3メートル、横幅10メートルほどの四角い枠が設置されていた。前年の秋にはなかったものだ。枠の内側にはネットが張られ、その上には文字が書かれている。

《ありがとう　みんながわらいあえるところにします》

昼間のためわかりづらいが、イルミネーションのメッセージだった。なぜ、「ありがとう」なのか。誰が、誰に伝えたい感謝なのか。きっと深い意味が込められているのだろう。しかし尋ねようにも、周りに人影はなかった。

その足で目的のイベント会場に向かった。入口で手渡されたプログラムをめくると、驚きで思わず手が止まった。そこに掲載されていた写真の一つに、さっき萱浜で見たばかりの、あのイルミネーションの写真が載っていたのだ。その脇には「福興浜団」と書いてあった。《南萱浜青年団を母体として沿岸部の地域貢献に携わっている団体です。現在団員7名》とあった。

私は、会場内で「福興浜団」というブースを探し、そこにいた人に声を掛ける。

「できれば、そのイルミネーションをカメラで撮影させて頂きたいのですが、どなたに了解を頂いたらいいでしょうか？」

そういって尋ねると、呼ばれて奥から出てきたのが、上野敬幸さんだった。私にとっては見覚えのある顔だ。私が海岸で怒らせてしまった、あの男性だったからだ。だが上野さんの方は、私のことは全く覚えていないようだった。

とりあえず初対面として自己紹介をした。自分は名古屋から来ていて、個人的に映像を撮影しているということ。それで今晩、イルミネーションが点灯しているところを撮影したいとお願いした。

人の行き交うロビーでの立ち話ということもあり、撮影の了解だけもらえたら、それでいいと思っていた。こんな落ち着かない場所で、深い話まで聞いては申し訳ないと思った。

しかし上野さんは周りを気にすることなく、「自分は両親と子ども2人を津波で亡くしている」と話してくれた。イルミネーションに書かれた「ありがとう」は、どんな意味かと尋ねてみた。するとそれは、当時60代だった両親に贈る言葉なんだという。生前は、一度も面と向かって言えなかった言葉だからと。そして、「みんながわらいあえるところにします」の「みんな」というのは、津波被害に遭ったすべての人のことだと教えてくれた。

上野さんが亡くした家族4人のうち、8歳の長女と母の遺体は発見されていたが、3歳の長男と父は行方不明のままだという。

「震災から11か月が経つけどね、なんだか、まだ昨日のことみたいでさ。子どもたちは、つい昨日までそこにいたのに、なぜいないんだろうって、やっぱり考えてしまうよねぇ」

その言葉には、深い後悔の念が滲んでいた。子どもたちを救ってあげられなかったことで、上野さんは今もずっと自分を責め続けているという。そして、震災当日から今に至るまでの出来事を、静かに語り始めた。

3・11津波後の萱浜で

「あの日、津波が来て、俺は家族4人が行方不明になってて。その日からずっと仲間と一緒にさ、必死に捜してたんだけど。原発事故が起きた時にも、もちろん萱浜にいたよ」

上野さんは震災当時、60代の両親と2人の子ども、そして妻の6人で暮らしていた。妻は、お腹の中に3番目の子どもを宿していた。3月11日、萱浜地区は大津波に見舞われ、自宅にいた両親と子どもたちが巻き込まれた。

「原発事故の後、みんな一斉に避難して、誰もいなくなったんだよね。だけど自分たちは残

震災前の上野さん一家。左から妻・貴保さん、長女・永吏可ちゃん、長男・倖太郎くん

って、それからも仲間7人で、ずっと捜索を続けてた。それで、40人近くの遺体を自分たちで見つけたんだ。遺体にはさ、ウジがわいていて、中には手足が取れている人もいて。自分たちは、そこで本当の地獄を見たと思ってるけどね」

私は一言も発することができなかった。もちろん、カメラなど回すどころではない。

「その後も、もっと自分たちにできることを何かやらなくちゃって、ボランティアで、放射能の除染を手伝いに行ったこともあるんだよ。でも、除染してもらっている家主は一切手伝わないで、タバコを吸ってた。俺たちは、津波で家も家族も失っているのにね。バカバカしい、もうやめようと思ったね」

知らないことばかりだった。私は、上野さんの言葉に打ちのめされていた。

被災者という言葉が、上野さんは嫌いだという。

「南相馬市は、〝原発事故一色〟。だから、みんな自分が〝被災者〟だと思ってる。津波被害というものを理解していないし、津波のことは完全に忘れられている街だよね。マスコミなんか、なんにもわかってない。だから俺はマスコミにも、常に怒鳴ってきたからね」

メディアの人間たちに対する怒り。何が起きたのかをきちんと知ろうともせず、野次馬のようにやってくる人々には敵意をむき出しにしてきた。一度は、ジャーナリストを名乗る男性と上野さんたちがトラブルになり、警察を呼ぶ騒ぎになったこともあったという。

話を聞いて、私はあの海岸で出会った時の上野さんの怒りが腑に落ちたような気がした。福島県沿岸部で、東日本大震災の発生直後から起きていたことは、メディアを通して十分に伝わったとは言い難かった。福島で原発の状況が危ぶまれ始めると、メディアの報道は原発事故一色になった。福島の震災と言って真っ先に頭に浮かぶ映像といえば、多くの人が、あの「爆発」だと答えるのではないか。なによりまず、私自身がその一人だった。

福島の津波被害を、震災報道の文脈から葬り去ったのは、他でもない私たちマスコミだと感じた。その意味で私自身も、上野さんたちのような人々を見捨てた一人だと思った。私は今まで、一体福島の何を見ようとしていたのか。情けなくて、本当に申し訳なくて、声を出そうとしても嗚咽(おえつ)にしかならない。だから、声がもれないように必死に耐えることしかでき

暗闇と静けさに包まれた津波被災地。そこにたった一つ輝くイルミネーション

なかった。

上野さんの発言の根底にあるのは、激しい怒りとイラ立ちのはずだが、語り口は静かに淡々としていて、表情はむしろ穏やかで、私の心に染み入るようだった。この人は人の心に刺さる「言葉」を持っている、そう思った。

ひとしきり話し終わったところで、もう一つ、上野さんが教えてくれたことがあった。実は少し前に、子どもが生まれたという。妊娠中だった妻が、市内で出産したのだ。

「おめでとう」という言葉も、「良かったですね」という言葉も、どちらもふさわしくないような気がした。私は、やっとの思いで上野さんにこうお願いした。

「お子さんたちの名前を、こちらに書いて頂けませんか?」

手元にあったチラシの裏面に、書いてもらった3人の名前。一番最初に大きく書いたのは、生まれたばかりの次女の名前で、「倖吏生」だった。「さりい」とふりがなを振ってくれた。その下に、「永吏可8才」「倖太郎3才」と続けて書いてくれた。次女は震災から半年後に誕生し、この時には生後5か月になっていた。

「また、こっち来ることあったら、連絡してよ」

そう言って上野さんは、私に携帯電話の番号を教えてくれた。

イベント会場のロビーでの立ち話は、20分ほどだったろうか。

夜になり、一人萱浜を訪ねた。街灯一つない暗闇は、どこまでも静まり返っていた。ここで数多くの遺体を見つけたという上野さんの話を思い出し、静けさが一層恐ろしく感じられる。その真ん中に、たった一つ置かれたイルミネーションが輝く。

寒さで手がかじかんでいて、撮影する指先がうまく動かせない。凛として澄み切った空気の中、透き通るような光を放つイルミネーションの文字を、それでも懸命に、心を込めて撮影した。その「ありがとう」というメッセージが、本当に天まで届きそうな気がした。

〈第２章〉捜索

（2012年３月—2013年３月）

大津波から1年

震災から、まもなく1年を迎えようとしていた2012年3月9日。私は夕方、福島市からレンタカーで南相馬を目指していた。内陸にある福島市から、沿岸部の南相馬市までは約1時間半のドライブだ。

いつもの仙台からの平坦な道とは違い、途中、八木沢とよばれる峠の山道を行かねばならない。福島市を出た時にチラつき始めていた雪は、峠に差し掛かる頃には本降りとなり、路上はみるみる雪に覆われていった。日が落ちると夜の街灯もまばらな坂道を、エンジンブレーキをかけながら、そろりそろりと下っていく。曲がりくねったカーブの度にヒヤヒヤしながら、やっとの思いで南相馬に辿り着いた。宿にチェックインして、明日からの移動を思うと気が重くなった。

翌10日も早朝から雪が降り続いていた。福島沿岸部の浜通りは、冬でも雪が積もることは滅多にない。しかしこの日は、一面の銀世界が広がっていた。

朝一番で萱浜に行く。しんしんと雪が降り続く中、人影はない。地表の雪は水を含み、シャーベット状にぬかるんでいた。津波にさらわれた地域に差し掛かる境界線の付近で車を降り、集落の遠景を撮影した。

あちこちに置かれたままになっている瓦礫撤去のための重機にも雪が積もり、日頃の騒々しい作業風景が嘘のように静まり返っている。道端に背の低い水道の蛇口があった。農作業用の水道だろうか。その上に引っ掛けられた消防団のヘルメットが3つ、まるで捜索活動の名残のように置き去りにされていた。

あの日本家屋も、雪に煙る津波被災地の真ん中で、相変わらずひっそりと佇んでいる。前の月に話を聞かせてもらった上野敬幸さんの被災した自宅だ。私は車に乗り込み、その家の前を通り過ぎ、海岸まで移動した。

この時、上野さんには敢えて連絡はしていなかった。翌3月11日の一周忌は、きっと家族で静かに過ごすのだろうと思ったからだ。

のちに知ったのだが、実はこの日、3月10日に上野さん一家は亡くなった4人のために葬儀を行っていた。上野さんの長男・倖太郎くん（当時3歳）と、父・喜久蔵さん（当時63歳）は行方不明のままだったが、家族は市役所に「死亡届」を出したという。すでに遺体が見つかっていた長女・永吏可ちゃん（当時8歳）と母・順子さん（当時60歳）と、4人のための葬儀だった。この式には、小学2年生だった永吏可ちゃんの同級生たちも参列した。その姿を目の当たりにした上野さんの妻は、思わず泣き崩れたという。

萱浜の海岸端まで走ると、車を降りた。右手に海、左手に津波でさらわれた萱浜地区を一望できる場所から、雪の風景を撮影する。灰色の海は、雪の中激しく白い波しぶきを上げ、消波ブロックに打ち付けていた。波音と風音が合わさり、ゴーという音をあげている。

私は上下カッパ姿で、降り続ける雪をかぶりながら、カメラを操作する。ピントを合わせる指先は凍えて真っ赤になり、ちぎれそうなほど痛い。拭いても拭いてもレンズには雪がかかり、水滴だらけになってしまう。これでは、とても長時間撮影するのは無理だった。10分ほどで撮影を切り上げて、車に避難する。車内の暖房で、しばらく濡れた身体を乾かす。そして、黙って萱浜を後にした。

その足で宮城県の気仙沼市に向かった。南相馬市からは高速を使っても車で4時間はかかる。私はそこで、震災から丸1年となる3月11日を過ごした。やはり震災後に知り合った現地の津波被災地域の方々と共に、市の合同慰霊祭に参列した。

翌3月12日、私は気仙沼から再び南相馬に入った。今度こそは上野さんに連絡をしようかと思ったが、なかなか勇気が出ない。迷った末に、電話をかけた。そして南相馬での滞在最終日の15日に、上野さんとお会いすることになった。被災した自宅で待っているから、と返事があった。

この頃、上野さんは、南相馬市の内陸にある仮設住宅に住んでいた。震災から3か月後の昨年6月に入居していた。妻の貴保さんと生まれたばかりの次女・倖吏生ちゃんと3人の暮らしだ。場所は、萱浜地区のある原町区の隣の鹿島区で、萱浜からは北西に10キロほど離れた場所だ。車では20分ほどかかる。

約束の時間に、上野さんを萱浜の自宅に訪ねた。私が、初めて一人で南相馬に来た前年の夏から半年以上の間、ずっと遠目に見てきた家だった。この日初めて、その中に足を踏み入れることになった。敷地内に車を停めると、上野さんが出迎えてくれた。私はカメラを持たずに車から降りた。もはや上野さんのような人に「撮影したい」などと言うこと自体が不謹慎に思えた。

上野さんの被災した自宅のうち1階の海側の部屋は、捜索活動をする時の休憩場所になっていた。津波で抜けてしまった海側の壁に板を張り、雨風を凌げるようにしていた。一面更地の萱浜で、この場所の存在は活動の大きな助けになったに違いない。

上野さんは家の脇にある勝手口の方に向かう。そこには手作りの扉があった。上野さんの後につづいて中に入ってみて驚いた。室内には電気も引かれていて、コタツまであった。元々は居間だったのだろう。天井に近い場所に、立派な神棚があるのが目に留まった。

コタツを勧められ、上野さんと向かい合って座る。ここで1年前、何が起こったのか聞かせて欲しいとお願いした。上野さんは、まずタバコに火を点ける。そして静かに語り始めた。

あの日、ここで

「宮城県、岩手県はみんな津波被害だけだから、協力の手もあっただろうけど。でもここは放射能があるから、その意味で、みんな自分は被災者だと思ってる。津波被害にあって家族を失い、家がなくなった人も被災者。南相馬市に、住んでるだけで被災者。自分たちも被災者だっていう意識がすごく強いからね。だから誰も、沿岸部に目を向けてくれないし、『放射能、放射能』としか言わない。600人以上亡くなってる市なのに、津波のことを言う人は誰もいない。当時、捜索の段階でも、そうだった。意識の段階でも、津波被害にあったところは置いてきぼりだ。ホントに助けて欲しいって思った時にはさ、来なかったねぇ、誰も。ずーっと置いてきぼりだ、ここは」

2011年3月11日、午後2時46分。上野さんは、当時勤めていた農協にいた。大きな揺れに襲われた後、慌てて職場の車で自宅に飛んで帰ったという。

「ちょうどね、地震が起きた時、俺は仕事場だった。それから一度ここに戻ってきた。3時5分くらいかな。それでいつものように俺は、庭先に会社の車を停めて。家には親父、お袋と、倖太郎の3人がいて。倖太郎が震えてた」

自宅には、専業農家だった父・喜久蔵さんと母・順子さんがいた。2人がお守りをしていた長男・倖太郎くんは喜久蔵さんに抱かれ、震えていた。その年の4月からは幼稚園に上がるはずだった。上野さんはこの時、家の外に出ていた近所の人の姿を見かけたという。上野さんの隣の家の人は、庭先に出て、落ちた屋根瓦を片付けたり、近所の人と互いに声をかけあったりしていたようだ。

この時、両親は上野さんに向かって、避難所になっている高台の大甕（おおみか）小学校に避難すると言っていた。小学校には、当時2年生だった長女の永吏可ちゃんがいた。

「津波が来るから避難するっていうから。永吏可は学校だからね。『学校が避難所になってるから避難する』というのを聞いて。俺は一度、会社に戻ったの」

上野さんは、両親の言葉を聞いて、自宅を後にした。「4人は一緒だ。これで安心だ」そう思ったに違いない。共働きだった上野さん夫婦は、普段から日中は両親に子どもたちの世話を任せることが多かった。

職場に戻った上野さんは、仕事用の車から自家用車に乗り換え、再び自宅に向かって車を走らせた。職場からは、いつも浜街道と呼ばれる道を通って帰る。海沿いの道路は、途中新田川（にいだがわ）にかかる橋を渡り、萱浜へと通じている。車で7、8分という距離だ。

その時、異変は起こった。

「自分の車で萱浜に戻って来ようとした時、新田川が溢れてくるのを見て逃げたんだ」

目の前の堤防から、溢れ出す水が見えた。間一髪で引き返し、津波の難を逃れたという。

そこからは一旦、内陸の国道6号線へと迂回し自宅を目指したが、避難する人たちの車でひどい渋滞だった。ようやく海の方向へ通じる脇道に入ったが、辺り一帯は水没していた。仕方なく車を降りる。泥にはまって動けなくなることを警戒し、ロープを抱えて、水浸しの瓦礫の中を歩いて進んでいく。途中、流されて助けを求める人を見つけ、救助を始めたという。上野さんは地元の消防団員でもあった。

ようやく自宅の場所まで辿りついたが、目の前に広がる光景は、もはや自分の知っている萱浜ではなくなっていた。心のざわつきと不安が襲ってくる。

しばらく捜索をして日も傾きかけた頃、上野さんは避難所の大甕小学校に行ってみた。そこで告げられたのは、思いもよらない事実だった。

「子どもたちの顔を見て安心したいなぁと思って、夕方になって避難所に行ったんだ。学校のね。その時に自分の子どもたちが、親父たちがいないっていうことを聞かされたの」

そこにいるはずの4人がいない。聞けば、自宅に戻ったという。

夕方6時過ぎには、市の内陸にある職場にいた妻を迎えに行き、4人がいないことを話した。そこからは2人で、もしかしたら他の避難所にいるのではないかと、あちこち探し回ったが、やはりどこにもいない。

夜になると、上野さんはそのまま避難所になっていた小学校の体育館に残ることにした。身重の妻だけは、南相馬市にある妻の実家に身を寄せた。そこは、萱浜から内陸に10キロほどの山裾の地区で、津波の影響はまったく受けていなかった。

深夜になり、上野さんは一人、懐中電灯一つで再び萱浜の自宅に戻った。すると静まり返った暗闇にピカピカと光るものが見えた。倖太郎くんがよく遊んでいた、おもちゃの光だった。海に目をやると、無数の光が揺らめいている。漁船なのか、それとも救助艇なのか。真っ暗闇の中で、その眩しさだけがいまも上野さんの眼に強烈な印象として焼きついている。

そして誰もいなくなった

結局、上野さんは萱浜地区の入り口に停めた車の中で夜を明かしたという。ほとんど一睡もできなかった。翌12日は、日の出と共に捜索を始めた。それからは、次々に遺体を見つけていく。近所の顔見知りの人たちの、変わり果てた姿だった。その中には、当時8歳だった長女の永吏可ちゃんもいた。

この頃、同じ浜通りの福島第一原発が、危機的な状況を迎えていた。12日に1号機が爆発し、3号機も爆発に向かっていた。しかし上野さんたちの耳には、まだ原発事故の一報は届いてはいなかったという。

14日になり、たまたま避難所を訪れた際に、上野さんは初めてラジオで原発事故のことを知ったのだという。3号機の爆発を伝える報道だった。その結果、上野さんたちがいた福島第一原発の30キロ圏内にも「屋内退避」の避難指示が出された。その日を境に、南相馬の街の様子は一変した。

「ここはね、21〜23キロくらいなのかな、原発から。当時は本当に、萱浜で自分一人だけになったこともあったんだよね。だって爆発して、避難所もなくなり、南相馬市全体の人がみんなでさ、他所に移動し始めたから」

多くの住民が、次々に市外へと避難していき、萱浜周辺には人っ子一人いなくなった。

そして上野さんも、妊娠4か月だった妻の貴保さんを避難させることにした。妊婦は、放射能の影響を最も受けやすいというのが一般的な認識だったからだ。

「茨城まで避難したの、嫁さんの方の親戚を頼って。嫁さんの両親に、連れてってもらったんだ。でも避難したらガソリンがなくて、帰って来れないとか。うん。だから、永吏可の火葬に立ち会えなかった嫁さんの気持ちっていうのは、すんごく辛かったと思う。8歳の娘の、顔も見てないんだよ、ほとんど。原発がなければさ。永吏可の顔を触ってあげて、頬ずりだってできたと思う。そういうことが全くできないまま火葬になって、骨も拾ってやることができなかった」

一旦避難した貴保さんにとって、南相馬に戻る手段を手配するのは簡単ではなかったという。そのために貴保さんは、永吏可ちゃんの火葬に立ち会うことさえできなかったのだという。こうして、娘との最後の別れの時間さえも奪われてしまった。

一方、萱浜に残った上野さんは、見渡す限り誰もいない被災地で、夜明けから日没まで行方不明の人たちを捜し続ける日々を過ごす。当時はまだどの程度、放射能のリスクがあるかわからない中で、警察も自衛隊もなかなか捜索には来てくれなかった。仲間数人での自力の捜索は過酷を極めた。辺り一面水没した場所を捜すのに、水を抜くための満足なポンプもない。知り合いに掛け合って、ようやく重機を借りてきて水を抜く。一度確認したはずの場所からも、たくさんの遺体が見つかったという。泥のように見えても、実際には人だったこともあった。

2週間ほどが過ぎ、上野さんたちは初めて海岸を見に行ったという。

「沿岸部に目がいったのは、3月の24日なんだよね。それで、僕らは初めて海を見た。それまで、陸地を見るのばっかりでさ。その時に7名ぐらいの人がいたんだよ、海にね。みんな、テトラポッドの間に挟まったりして。当時、海岸に上げられた人が見つけてもらえなくて、もう一度海に持っていかれたら、戻って来ないだろうなぁって思うんだ。やっぱりねえ、見つけてあげるチャンスっていうのを逃しちゃったね。原発のせいでね」

自力での限界だった。

「消防団の若いヤツらと、それに近所の人を合わせて10名ぐらいで、ずーっと捜してた。もう見る限り誰もいない中、自分たちだけはさ、家族を捜さなきゃいけないし、近所の人を捜さなきゃいけないから、必死に捜してるけど。警察の捜索は3月の20日頃、1回歩いてもらっただけ。その後、自衛隊が来たのが4月の20日過ぎでしょ。来てくれたのは嬉しかったよ。その時、俺も『ああ、これでみんな見つかる』と思ったんだ。だけどゴールデンウィークには、もういないんだから」

ようやくやってきた自衛隊も、2週間とたたないうちに萱浜を去って行ったという。第一原発に、より近い地域を捜索するためだった。

「捜索といえば、警察と自衛隊がやったと思ってる人たちがほとんどだ。でも、うちらのところは、俺たちだけだ。本当に誰の手も借りてない。当時は、本当に助けてもらいたかったわけだ。だけど国とか、誰もそこに手を差し伸べてくれなかった」

時間が経って見つかる人たちの遺体は損傷が激しく、家族が抱きしめてあげることも難しい状態になっていた。そういう人が見つかる度、手を合わせて、仲間みんなで泣いた。

「もうちょっとね、救いの手が早くあれば、もっと早く見つかってれば、抱きしめることができたんじゃないかなって思うんだよね。後から見つかった人は、抱きしめたくても、抱きしめることはできない。もっと早く見つけてやれなくてゴメンっていう気持ちが湧いてきて、うちの若いヤツらもみんなで集まって、どうしても涙が出てくる。何でこんなふうになったんだろうって。見つける度に泣いてた。そういうのを、ずーっと繰り返してた」

こうして原発事故直後から屋外で何か月も過ごしていた上野さんは、1年近く経った最近になって、市の総合病院でホールボディカウンターの検査を受けた。すると、内部被ばくしていたことが判明した。直接の原因はわからないが、屋外で雨に打たれ、埃(ほこり)も吸い込んでいた。震災直後は支援物資の情報もなかったため、空腹で、流れていたさんまの蒲焼きなどの缶詰を開けて食べた。手づかみだった。拾ったジュースを飲んだこともあった。

「もう一度、お願いします」初めてカメラを向けた日

1時間ほど話を聞いたが、実際にこの地で起こった出来事を、私は現実のこととして受け

止めきれずにいた。またしても話を聞く間じゅうずっと、涙をこらえることができなかった。私は上野さんにお礼を伝え、その場を後にした。

レンタカーのハンドルを握りながら、たった今聞いた話を思い返す。動揺している気持ちを落ち着けようと、一旦道端に車を停めた。少しの間呆然としていたが、ふと我に返り、あることに気付いた。

「もしこのまま帰ってしまったら、何の意味もない。上野さんの話は、絶対に他の人たちにも聞いて欲しい。いま私がここで映像を記録しなかったら、何のためにここまで足を運んだのかわからないじゃないか」

映像で記録するからこそ、誰かと共有できるし、私の活動には意味があるのではないかと思えた。そうでなければ、話をしてくれた上野さんの気持ちに応えようがない。そう思った瞬間、ためらう間もなく携帯電話で上野さんに電話をしていた。

「……もしもし、先ほどはありがとうございました。それで、お願いがあります。もう一度、今度はカメラの前で、先ほどのお話をして頂けませんか？」

拒否されても仕方がない。とにかく、お願いしなければ後悔する。そう思い、勇気を振り絞って尋ねた。

「だったら、今から戻って来てくれれば、話するよ」

被災した自宅玄関の祭壇には、亡くなった４人の写真。ここでみな手を合わせる

快い返事だった。私は、はやる気持ちを抑え、上野さんのもとへと再び車を走らせた。

今度は被災した自宅の外で、玄関先に腰掛けて話を聞くことになった。家を正面から見ると、右手に玄関がある。立派な日本家屋に相応(ふさわ)しい、大きな玄関だ。その廊下へと続く上がり口の部分を、上野さんは祭壇にしていた。3月11日に合わせて、多くの人が来ていたのだろう。たくさんの花が供えられていた。他にも、千羽鶴やぬいぐるみ、缶ジュースや子どものおもちゃなどが、左右の端から端まで隙間なく並べられていた。

真ん中には、手を合わせる場所が作られていた。火をつけた線香を置く入れ物は足元にあり、何かの空き箱のような四角い缶の入れ物だった。

右手には、金属製のお椀のような形の鳴り物が置かれている。どこかの仏壇で使われていたお鈴だろうか、ずいぶん年季が入っていた。そばには小さなスプーンがあり、それで鳴り物を「チン、チーン」と打つのだ。

そこに置かれた2つの写真立てが目にはいる。私が初めて目にした、上野さんの亡くなった家族の写真だった。一つは年配の夫婦が写ったもので、にこやかに微笑んでいる。きっと上野さんの両親だろう。もう一つには、2人の子どもが写っていた。背の高いお姉ちゃんが小さな弟と手を繋いでいる。永吏可ちゃんと倖太郎くんだ。カメラに向かってニッコリしている2人とも、カラフルなフレームのメガネをかけている。普段着のトレーナー姿から、それが日常のひとコマだということがうかがえた。写真を前に、私も手を合わせた。

それから私は、祭壇を背にして、タイル張りの玄関先で上野さんの隣に腰を下ろした。向かい合わせではなく隣同士に座ったのは、真正面からカメラを向けないようにするためだった。上野さんにはできるだけカメラを気にせず、自然体で話して欲しかった。

「今日は、お時間を頂いてありがとうございます」

「ああ、いえいえ。これ、でっけえんだね、カメラ。やっぱりね」

上野さんは私の緊張を察してか、物珍しそうにカメラを指差し、なんとなくおどけた感じで応じてくれた。

被災した自宅を背に語る上野さん。目の前には辺り一帯が更地となった集落が広がる

「で、何からしゃべったらいいの?」

「じゃあ、震災から1年経って、ちょうど去年の同じ時期だったと思いますけど、1年前、上野さんがここで見た光景。あと、思い出したくないことは、お話し頂かなくて大丈夫ですので、教えて頂ける範囲で」

「そうだねえ。ちょうどね、地震が起きた時は……」

視線は正面に向けたまま、時折、遠くを見つめるような表情の上野さん。ファインダー越しに見ている横顔からは、一言一言噛みしめるように、言葉を絞り出しているのが伝わってくる。さっき聞いたばかりの、この家と萱浜地区の震災直後の状況を、もう一度順を追って話してくれた。

あれから1年。すでに遠い過去を思うかのように静かな口調だった。しかし時折、歯ぎしりするように滲ませる、悔しげな表情と鋭い眼が、強烈な印象となって私の記憶に残った。そこには、「伝えたい」という意思を感じた。

カメラを回しながら、またも私は泣いていた。寒さと涙とで、きっと私の顔はひどい状態だったことだろう。映像には、私の鼻をすするノイズがしっかりと残ってしまった。この時に記録したインタビューは、やはりこの時でなければ絶対に聞くことができないものだった。そして図らずも、この日上野さんのもとに引き返し、カメラを回した判断こそが、のちに一本の映画へと繋がっていくのだった。

この日以降、再びじっくりインタビューするのは、1年以上先のことになる。それまでしばらくの間、心の深い部分に触れる話を、敢えて私の方から尋ねることはしなかった。できれば、上野さん自身が語りたいと思った時に、語りたいと思う話を聞かせてもらおうと考えたからだ。そのためにも、私はただ黙って足を運び続けよう、そんなふうに思っていた。

電話が鳴った

迎えた新年度の2012年4月。南相馬市は、震災以来の大きな転換点を迎えることになった。ちょうど1年前、震災の1か月後に国は福島第一原発の半径20キロ圏内を「警戒区域」に指定していたが、それを見直す動きが出てきたのだ。20キロ圏内というだけで一律に立ち入り禁止としていた地域を、放射線量のレベルに応じて3段階に区域再編するという。

2012年4月16日午前0時。他の自治体に先駆けて南相馬市が、市内を分断していた「警戒区域」の解除と、区域の再編を行ったのだ。その様子を、私も一人で南相馬に行き、現場で撮影しながら見守っていた。上野さんの暮らす萱浜地区と同じ小学校区内にあった原発から20キロの検問所も取り払われ、自由に行き来できるようになった。

それからしばらくして、名古屋に戻っていた私の携帯に一本の電話がかかってきた。

上野さんだった。まさか電話をくれるとは、思ってもみないことだった。

「今度、いつこっちに来るの?」

「実はちょうど、来月にも行く予定です」

また近々、南相馬に行く計画をしていたのだ。こうして、5月20日に再び上野さんを訪ねることになった。

南相馬市南部の約3分の1の面積にあたる小高区と原町区の一部は、福島第一原発の20キロ圏内に入っていた。南相馬市に着いた私は、解除された旧警戒区域を回ってみることにした。まず沿岸部に位置する集落で、かつては海水浴場があったという村上地区を訪ねた。そこでは堤防が決壊し、集落全体が津波に呑み込まれていた。震災前は70戸ほどあったというが、今では被災家屋が7、8軒遺されているだけだった。どれも恐らく全壊だろう。周辺は水に浸かっていて、とても踏み込める状態ではなかった。

私は、その朽ち果てた被災家屋が並ぶ路地で車を降り、集落の様子を撮影し始めた。家々の周りでは、淀んだ水に藻が繁殖し、まるで沼地のようだった。ウシガエルが気味悪く「ボー、ボー」と鳴き続けている。人の営みが途絶えるということが、放射能の影響以上に、どんなに深刻なものかということを初めて目の当たりにしてショックを受けた。

すると辺り一面に立ち込めていた霧が、瞬く間にどんどん濃く白く集落を包んでいく。しまいには20メートルほど先さえも真っ白で見えなくなった。これは東北沿岸部に特有の、梅雨の季節に起こる「やませ」だった。冷たく湿った風が、局地的に濃霧を発生させるのだ。ひんやりとした霧に包まれた津波被災地で、私は一人きり。周囲のどこにも人影はない。ここでもきっと、多くの方が津波で亡くなっているのだろう。そう考えたら、このまま自分が死者の世界に引き込まれ、戻れなくなりそうな気がして、恐ろしくなった。


こうした南相馬市の20キロ圏内では、「警戒区域」の解除によって初めてボランティア活動ができるようになった。上野さんたちも解除後すぐに福興浜団として、こうした地域での被災家屋の片付けや、行方不明者の捜索などを始めていた。

私はこの日、萱浜の自宅ではなく、活動先に上野さんを訪ねた。かつて第一原発から20キロの検問所があった場所にも近い、原町区下江井(しもえねい)という集落だ。

そこは津波に見舞われてから1年以上放置されたままの民家だった。すでに床板は剥がされ、真っ黒なヘドロに覆われた床下が露わになっていた。ドブのようなにおいが鼻をつき、思わず顔をしかめたくなる。「警戒区域」の避難指示が続いた1年の間に、震災後の復興も1年分遅れていた。そこには、30人近いボランティアが入っていた。

「ネコー! ネコください!」

ネコとよばれる手押しの一輪車が慌ててやってくる。スコップで掻き出した泥は、バケツや一輪車で敷地の外へ運び出す。床下にかがみ、時には潜り、全身泥まみれになりながらの作業は相当な重労働だ。においがきつく、マスクなしにはとても作業できたものではない。

その中に上野さんもいた。Tシャツの首元に白い手ぬぐいを巻き、率先して泥掻きをこなしている。ヘドロの汚れを気にも留めず、汗だくで黙々と作業する人たちを前に、「私も一緒に作業させて頂いた方がいいでしょうか」と、上野さんに尋ねた。

「いや、撮っててもらった方がいいでしょ」

この言葉に私は、他の人たちが作業するのと同じように、自分は映像記録を全力でやろうと思うことができた。この日以降、上野さんは私を「千晶(ちあき)ちゃん」と名前で呼び始めた。

ボランティアたちは20代から30代の若い世代が中心だ。スコップでテンポ良く、床下から次々に泥が掻き出される光景は、見ていて清々しかった。休憩時間には、快活な笑いに包まれる。人の手が入らなくなり活気を失った街に、再び若い労働力が集まることの意味を象徴するような光景だと思った。

家族のもとへ

この時の私は、作業の妨げになってはいけないと思い、上野さんに個別にカメラを向けるつもりはなかった。ところが私が覗くファインダーの目の前を、泥だらけの軍手が横切った。

「どう？　上手に撮れてる？」

上野さんだった。

「俺は別に映らなくていいんだけど。あんまりね。だって、シワ目立つべ？　あははは」

自分の目元を示しながら、冗談めかして笑う。そして少しだけ真面目な表情になり、こう続けた。

「捜索の方も、続けてはやってるんで。今日も朝は1時間くらい、みんなに海を歩いてもらって。昨日はね、頭の部分が見つかったので」

「そうなんですか!?」

「頭が見つかったのでね。ここの海だよ」

1キロほど先に見える海岸の方向を指差した。上野さんが自分から、前の日の出来事を話してくれたのだった。津波の行方不明者の捜索で、人の頭部を発見したのだという。震災から1年2か月が経っていた。

「まぁ、身元がわかるまでにDNA鑑定とか、どのくらいかかるかわかんないけどね」

上野さんたちは発見した骨を、DNA鑑定のため、警察に届け出たという。

「ああやって見つかればさ、誰だかはわかんないけど、誰かのところには帰れるわけでしょ? それは幸せなことだよ。待ってる家族にとってはね」

この一件によって、上野さんは自分の考えが大きく変わったという。

「最初の気持ちはね、『行方不明の親父と倖太郎を』って思ってたけど、自分の中でそういう部分は全くなくなってさ。いまは行方不明の人全員を捜したい。だから誰が見つかっても、それで自分はいいと思ってる。そりゃ、行方不明の親父と倖太郎が見つかるに越したことはないけども。少なくとも捜索っていうのを、自分の中では、まだ全く諦めてはいないので。あくまでも捜す人がゼロだったら、見つかる可能性はゼロ。捜す人がいれば、ゼロではないっていうふうに思うから」

夜空を見上げて

2012年8月初旬。夏でも爽やかな気候の東北とは違い、名古屋は連日うだるような猛暑に見舞われていた。私はこの日も、夜9時半に名古屋の栄バスターミナルを発つ夜行バスで、仙台に向かった。翌朝、仙台からは、いつものようにレンタカーで南相馬に向かう。

4月に「警戒区域」が解除された後、南相馬市の福島第一原発20キロ圏内は放射線量によって3つの区域に再編された。一番放射線量が低い「避難指示解除準備区域」、次に低い「居住制限区域」、そして最も線量が高い「帰還困難区域」だ。「帰還困難区域」を除いては、日中の立ち入りが自由になったものの、夜間の宿泊はできないとされ、住民の帰還はなかなか進んではいなかった。

一方、前年の秋には避難指示が解除されていた市内の20〜30キロ圏内の場所では、新年度以降、少しずつ以前の活気が戻り始めていた。20キロ圏内とは、境界一つ隔てて同じ市内とは思えないほどだ。国の避難指示による線引きが、完全に街の復興の明暗を分けてしまったという印象を持った。

この時、南相馬市を訪ねた目的があった。前の年の夏、私が偶然見たあの萱浜の花火を、今年も上野さんたちが打ち上げるのだという。

2011年の花火は、上野さんの発案で上げられたものだった。当時はまだ「福興浜団」とは名乗っておらず、「南萱浜青年団」として活動していた。津波後の捜索活動を共にした、地元の若い消防団員の集まりだった。みな、家族や親戚などを津波で亡くしていた。

「最初は、永吏可と倖太郎にもう一度花火を見せたいと思って。永吏可と倖太郎に見せるには、ここで上げるしかないから。だから上げようと思って。震災の年は一発ずつ、亡くなった人たち一人一人の名前を読み上げながら、上げてもらったからね」

そう話す上野さん。自宅で津波にのまれ、亡くなった永吏可ちゃんと行方不明の倖太郎くんの2人に見せるには、花火を萱浜で上げるしかないと思ったのだ。前年のこの時は、萱浜と隣の雫（しどけ）という集落で地元の人たちに声をかけ、津波で亡くなった人を悼むために上げた花火だった。

上野さんたちは、被災した自宅の前に集まった200人ほどで静かに夜空を見上げていたという。それぞれの集落の犠牲者は、合わせて147人。その人数と同じ数の花火を、犠牲者一人一人の名前を読み上げながら、一発ずつ打ち上げたのだった。

こうして、全てが流されてしまった土地で、1年前の上野さんは子どもたちを想い夜空を見上げていた。その花火を偶然目にしたのが、初めて一人で南相馬市を訪れた私だった。

しかし今回の花火は、前の年とは少し趣が異なっていた。上野さんたち福興浜団だけでなく、南相馬市の商工会青年部や市内の復興支援NPO、その他、関東のボランティア団体など多くの参加団体と共に行う大掛かりなイベントとして企画されていた。野外の音楽ステージの周りには、食べ物やおもちゃを売る屋台が並び、夏祭りそのものだった。

花火を上げる上野さんの想いも、少しだけ変化していた。今年は福島県内全体で津波の犠牲になった人の数に近い約2000発の花火を上げることにした。そして東北沿岸部で津波の犠牲になり、家族を亡くした全ての人に寄り添う花火にしたいという。

「まだね、なかなか前に進めないような人たちの背中にね、こう、そっと手を添えてあげるという感じだね」

ヒュー……、ドドーン！　パーン！

大震災から1年半足らずの被災地で、それぞれに傷を負った人たちを花火が照らす。会場は楽しげな歓声に包まれていた。

花火の最中、上野さんがどんな表情で見上げているのか気になった。それでも敢えて撮影はしなかった。代わりに花火を見上げる背中だけを、そっとカメラに収めた。いつもの赤いTシャツの背中には、「福興浜団」の文字と4匹の鯉のぼりが泳ぐ。倖太郎くんの遺品の鯉のぼりをモチーフに、亡くなった家族4人を象徴するデザインだった。

この夜、上野さんが落ち着いて花火を見ることはなかった。イベントの実行委員長として、打ち上げ中も会場内のあらゆることに気を配り、走り回っていた。

終了後に、本部テントから出てきた上野さんに声をかけた。

「お疲れさまでした」

「おお、千晶ちゃん！」

上野さんが、ふざけてカメラのレンズすれすれに、顔を近づけてきた。それから「チッ」と小さく舌打ちして、まるで中学生の不良少年のような、おどけた表情をしてみせる。

きっと昔から上野さんは、泣きたい場面であればあるほど、こうして何でもないように振る舞ってきたのかもしれない。こんな表情を見せてくれるのは、多分、私に対する距離が縮まっているからこそなのだろう。

「花火は見れました？」

「ちゃんとは見てない」

そう答える上野さんはにこやかだったが、それは仕方がないことだと、自分を納得させているようにも見えた。本当は被災した自宅のそばで、家族だけでゆっくりと見たかっただろうに。花火を見上げて流したいはずの涙も人前で見せることはない。会場に集まった人たちに楽しんで欲しいからと、感情を心にしまい、たえまなく動き続けていた。

「ちゃんとは、見られてない。まあ、それはちょっと残念な部分はあるんですけど、みんなが喜んでくれたんなら、それでいいのかなと思います」

私は私で、前の年の花火からこれまでの1年を想い、改めて感慨深いものがあった。来年もまた、ここでこうして花火を見られるだろうか。

瓦礫と種蒔き

南相馬市の道の駅に、週末の午前9時集合。それが、福興浜団のボランティア活動に参加する時の決め事だ。参加条件は特にない。老若男女を問わず、手伝いたいと思う人なら誰でも参加できる。2012年度以降、南相馬市で「警戒区域」が解除されたのをきっかけに初めて参加したという人も多かった。福島県ではまだ人手が足りていないと聞いて、宮城県など別のボランティア先から移動して来たという人もいた。

「おはようございます！　えーあいにくの、雨です！」

9月下旬のある週末、南相馬市の道の駅は大雨に見舞われていた。上野さんの挨拶が続く。

「大雨洪水警報も出てますので、今日の活動は中止ということで、すみません！」

雨の日は、海岸での捜索はできない。波打ち際の消波ブロックは滑りやすく、危険が伴うからだ。この日は30人近いボランティアが集まっていた。

「それでですね、もし来てもらえる方がいるのであれば、萱浜で、僕のところで菜種を蒔こうと思っているんですけど、そこの瓦礫を拾って頂ければと思うんですが。ちょっとでも、1時間でもいいですので、参加できる方がいれば、よろしくお願いします」

　上野さんが菜の花の種を蒔こうと思ったのには、理由があった。

「津波で更地になったために、萱浜は砂埃が酷いのさ。風が強いから。昔は畑だったから良かったんだけど、いま土の上に何も植わってないから埃が舞うの。だから、それもあって何か植えようと思ったんだよね」

　降りしきる雨の中、上野さんの被災した自宅の前で瓦礫拾いが始まった。津波は、肥沃な土を根こそぎさらっていった。残されたのは、地表を覆う大量の海砂と土の奥まで潜り込んだ瓦礫だった。参加した人たちは空のバケツを手に一つ一つ拾い集める。家の建材やレンガ、瀬戸物やプラスチックなど生活用品の欠片だ。中にはノコギリの刃などもあった。

　ボランティアの人たちが瓦礫を拾う中に、トラクターに乗った上野さんの姿があった。津波にさらわれた土地は思いのほか手強かった。土を耕耘（こううん）しようとトラクターを動かすと、石や瓦礫がゴロゴロと出てくる。手作業で拾っては耕耘するが、さらに地表に瓦礫が出てくる。この作業を、何度でも繰り返すしかなかった。このトラクターは、上野さんの父・喜久蔵さんが長年愛用してきたものだ。

上野さんの亡くなった両親は、若い頃からの専業農家だった。父・喜久蔵さんと母・順子さんの二人三脚で野菜や米を作ってきた。露地ではブロッコリーとトウモロコシ、そして稲作、ハウスではチンゲン菜やタバコの苗などを作っていた。出荷の最盛期には、家族総出の収穫作業になることも多く、上野さんも小学校低学年の頃から手伝いをさせられたという。食卓にはいつも、当たり前のように両親が作った新鮮な野菜が並んでいた。

自宅の周りの風景といえば、一帯には田畑が広がっていた。家の海側にあたる東隣には家よりも大きな納屋があり、道路に面した南側の敷地には何棟ものビニールハウスが並んでいた。草木の緑と土の匂い。ゆったりとした時間が流れる、のどかな雰囲気の集落だった。

津波は、両親が長年かけて耕してきた大切な土をさらっていった。自宅周辺の納屋も農機具もすべて流されたが、トラクターだけが奇跡的に無事だった。

実は震災の時、喜久蔵さんは、ちょうど新しいトラクターに買い換えようと、古いものを農機具メーカーに引き取ってもらっていた。そのため偶然、メーカーの倉庫に置かれていた古いトラクターだけは流されずに済んだのだった。メーカーから戻ったこのトラクターがあったおかげで、上野さんたちの作業は、随分助けられていた。

父の形見のトラクターに乗り、瓦礫を拾い終わったばかりの土地を耕す。この50馬力のトラクターは、震災前、専業農家が何軒かあったこの近所でも一番の大きさだったという。青と赤2色使いの車体が、まるでミニカーのようで、なんだか愛らしくも見えた。

震災から1年半余り。いまのところ、上野さんから出てくる話は亡くなった子どもたちのことばかりだ。しかし、突然いなくなった両親への後悔の念もまた大きいのではないかと思った。なぜなら震災の年の冬、自宅の前に掲げたイルミネーションの「ありがとう」という言葉が、それを表していたからだ。

「震災前、親父とかにね、『ありがとう』っていう言葉はどうしても照れくさくて、俺も一度も言ったことがないから。でもやっぱりね、親父たちに『ありがとう』って伝えたくて」

そのイルミネーションに託した言葉の、より深い意味を、いつか上野さんの口から聞いてみたいと思っていた。

初めて海岸捜索へ

翌10月下旬。私はようやく、上野さんたちの捜索活動に同行させてもらうことになった。この頃には、すでに警察も月1回ほどの一斉捜索を除き、日常的に行方不明者の捜索をすることはなくなっていた。

それまで私の中で、捜索活動にカメラを向けることには大きなためらいがあった。被災した民家の泥掻きなどの作業と違い、それは行方不明者の遺体を捜すという活動だ。一年前、カメラを手に萱浜を訪れた時、上野さんに怒鳴られたことが今も頭から離れない。

こうして私が同行したのは、福島第一原発20キロ圏内にあたる南相馬市小高区の村上海岸での捜索だった。海岸に面した集落には津波で全壊した7、8軒の家屋が、朽ちかけた姿となり遺されている。近くの更地になった土地の道端には、50余りの墓石がひとかたまりになって置かれていた。一度津波で流出した墓を、おそらく住民たちが拾いあつめて1か所に並べたのだろう。その一角の真ん中には、線香をあげたり花を供えるための祭壇もあった。砂埃を巻き上げながら工事用のダンプカーが走り抜けていく道のすぐ脇に、ひっそりと置かれた墓石には、土地を守り継いできた集落の人たちの無念が感じられた。

堤防の手前の空き地に車を停め、その場で降りると、上野さんがみんなに呼びかけた。

「怪我のないように、よろしくお願いしまーす!」

ボランティアの仲間20人ほどが堤防を越えて海岸に出る。波打ち際に数十メートルにわたって続く消波ブロックの山によじ登り、時には下に潜りながら進んでいく。コンクリートの隙間を覗き込み、寄せ返す波に懸命に目を凝らした。

上野さんは、集団の中で先頭を行く。後ろを振り返ることもなく、足早にどんどん先へと

捜索する上野さん。福島第一原発20キロ圏内の海岸でも遺骨を見つけた

進んで行く。まるで、敢えてみんなに背を向けているようにさえ思えた。

休憩中のことだった。周りに人がいなくなった時、ふいに上野さんが、私に向かってこんな話を始めた。

「こないだ、永吏可の誕生日だったんだよ」

上野さんが一瞬笑顔になる。優しい、パパの目をしていた。

「本当だったら、何歳？」

「10歳。もう10歳だから、身長は140センチくらいにはなってるかなぁ、なんて言って、服を買って来たのさ。倖太郎のも一緒にね。倖太郎、焼きもち焼くから。そ、2人分」

上野さんがこうして話をしてくれることが、嬉しかった。私は毎回カメラを持っては来ていても、積極的に上野さんに質問することはなかった。できれば、「私が」聞きたい話ではなく、上野さんが伝えたいと思う話をして欲しかったからだ。こうして〝待つ〟という姿勢は、効率を求められるテレビ局の仕事では、できないことだった。

上野さんは話を続ける。

「今でも、アレなんだよ。俺、夢見てんのかなと思う時があるのね。これは現実じゃないんだと思う。こういうふうになってるのは、現実じゃないって思う時があって」

「それは、震災が起きたことや、津波のことや？」

「そうそう。全部これは、夢なんだって思う時があるのね。夢なんだろうなって。うん。わかってはいるんだけど、なかなか……」

上野さんはそのまま口をつぐんで、遠くを見つめた。

私にとって、それは意外な言葉だった。ここまで壮絶な現実を直視し続けている上野さんでさえ、震災に対する現実感がないという。明日の朝、目が覚めたらすべてが元通り、何事もなかったように以前の日常が続いてくれたらと、上野さんはどれだけ願ったことだろう。私には到底わかり得ない被災当事者の現実を、改めて思い知ったような気がした。

東京電力への怒り

福興浜団の活動には、様々な人がやってくる。2012年のある日の活動に、一人の男性が参加していた。東京電力の社員だった。親しい同僚数人を連れて、月に1回ほど、プライベートでボランティアとして活動に参加していた。

当時50代のその男性社員と上野さんとの出会いは、震災の年の6月末のことだった。南相馬市内のホールを借りて行われていた東京電力の賠償相談の窓口に、上野さんが出かけて行ったことがきっかけだった。相談ではなく、ひと言言いたかったのだ。

当時はまだ、南相馬市の20キロ圏内が「警戒区域」に指定されて間もなかった。国が一方的に決めたことで、20キロ圏内が立ち入り禁止となり捜索ができなくなったことが、上野さんにとっては我慢ならなかった。

相談窓口を訪ねてきた上野さんに対応したのが、後にボランティア活動に参加するようになった例の男性社員だった。その場で、上野さんはこう怒鳴り散らしたという。

「お前ら東京電力が20キロ圏内で捜索をやって来いよ！　俺たちは入れないっていうんだから。津波が来た場所が、原発事故のせいでどうなったか、そこで何が起きたか、お前らはわかってんのか！」

本当は、ひと時も捜索の手を休めたくないはずの上野さんが、わざわざ出かけて行ってまで訴えたかったのには訳がある。

原発事故の直後、上野さんは妊娠中だった妻の貴保さんを茨城に避難させた。その結果、貴保さんが避難先から南相馬に戻る前に、津波で亡くなった長女の火葬は終わってしまった。この一件が貴保さんにとってはどんなに辛かっただろうと、上野さんが初めて気付いたのが、まさに震災の年の6月下旬の、この頃だった。

「その嫁さんの気持ちっていうのは、辛かっただろうなっていうのはあるねぇ。でも俺が、そんなことに気付いたのも、百か日あたりが過ぎてからかな。そのあたりに気付いたんだ。その嫁さんの気持ちが、辛かっただろうなっていうことに。駄目な旦那だから俺は。それで気付いたらね、そっからだね、東京電力さんに怒りが出てきたのは。うちの嫁さんだけじゃなくて、ホントにたくさんの人が、津波で亡くなった家族の火葬に立ち会えなかった。捜したくても捜せなかった。そう考えたら、東京電力にすごく怒りが出てきたわけだ」

放射能を逃れるために避難をした妊娠中の妻は、津波で亡くなった8歳の娘の火葬にも立ち会うことができなかった。そのことは東京電力の社長に、どうしても謝罪させたかったのだ。東京電力が開設したコールセンターにも、上野さんは毎日のように電話をかけた。電話応対のオペレーターに言っても仕方がないと頭ではわかっていたが、何もせずにはいられなかった。

「原発事故のために、津波被災地で何が起きたか、お前らはわかってるのか!?」

答えに詰まるオペレーターに向かって、沿岸部の惨状を延々と訴え続けていたという。

直接の手応えはなかったが、こうした抗議は決して無駄ではなかった。上野さんが相談窓口に出向いたことが、ある小さな変化を生み出していた。

抗議翌日のこと。対応に当たったあの男性社員が、上野さんの自宅がある萱浜地区に、早朝、姿を見せたのだ。上野さんは遠くから、黙ってその様子を見ていたという。

津波にさらわれた集落の家々の跡地には、手作りの祭壇が置かれていた。多くの家で犠牲者が出ていた。男性社員は、そういった祭壇の一つ一つを回り、手を合わせて歩いていた。来る日も来る日も、男性は毎朝姿を見せ、手を合わせ続けた。それが3か月ほども続いたという。

その後も男性社員は、上野さんの被災した自宅などに度々立ち寄るようになった。そして週末には福興浜団の活動に参加するまでになった。何度となく顔を合わせ、親しく言葉を交わすようになった後で、上野さんは男性社員のこんな言葉を聞いていた。

「上野さんに怒鳴られて、私はハッとしました。その時に、初めて原発事故が起きた後の津波被災地が、どんなに酷い状況だったのかと気付かされたんです」

2011年11月3日の祝日に、その男性社員が上野さんのもとに自分の上司を連れてきた。当時、東京電力の「福島原子力被災者支援対策本部」の副本部長で、本社の理事だった新妻常正氏だ。福島駐在の役員だった新妻氏は、福島県内の東京電力で、被災者支援に関わる部門のトップだった。上野さんは萱浜に来ていた男性社員だけでなく、地元の国会議員にも話をして「東電の社長に会いたい」と訴えていた。その中でやって来たのが新妻氏だった。

その日、7、8人の部下を連れて現れた新妻氏は、萱浜地区の仮設集会所で上野さんを含む数人の住民と対面した。上野さんは、震災後に自分の目で見た萱浜の惨状を、その場で話して聞かせた。東電側の全員をコンクリートの上に正座させたまま、気付けば3時間近くが経っていた。

当時、被災地を駆け回っていた新妻氏のスケジュールは分刻みだったのだろう。萱浜で予定していた30分の滞在時間は、とうに過ぎていた。時間を気にする東電側の焦りに、上野さんは思わず言葉を荒らげる。

「てめえ、黙ってろボケ！」

「津波の後、原発事故で被災した場所にどんなことが起こったのか、てめえらわかってんのか！」

怒りに任せて怒鳴り散らしていた。当時の気持ちについて、のちに上野さんはこんなことを口にしている。

「最初の頃は俺、東京電力の社員なんて、殺したって構わないって思ってたんすよ。殺したって別にいいって」

一方で上野さんは、東京電力に対して、賠償金の請求を一切していなかった。もちろん、経済的に余裕があったわけではない。

震災当時勤めていた農協には、震災が起きて以降、捜索のために全く出勤していなかった。震災の翌月、２０１１年の新年度が始まると、農協も営業を再開した。その時、「仕事に来てくれ」と連絡が入った。まさに上野さんが、自力での捜索活動に明け暮れていた頃だ。

「『来てくれ』って言われたんだけども、いま自分の家族が津波で行方不明なのに、なんで仕事に行けるんだって。そしたら営業所の人たちが『自衛隊が捜索してるんじゃないの？』って。その人たちは、海にも行かないからわかってない。誰も知らないままなの。それで俺は、『何言ってんだよ！』と始まって、『それなら辞めます』って」

それからしばらく収入のない期間が続いたが、震災の年の10月になると萱浜地区で「復興組合」という組織が立ち上がった。「復興組合」とは、震災前に農家だった世帯を対象に、農業を再開できない間、草刈りや瓦礫拾いなどの農地整備の仕事をすれば日当が支給されるという仕組みだ。上野さんの両親は専業農家だったため、上野さんも「復興組合」に入った。こうして、平日には日当をもらいながら、週末は福興浜団として捜索をするという生活になった。

日当頼みの生活で、いくらかでも賠償金が入れば、家計は助かる。しかし上野さん自身は、そんなことには、まるで関心がない。

「社長を連れて来い」

東京電力の新妻氏にも、そう繰り返し訴え続けていた。新妻氏はその後、上野さんが暮らす仮設住宅にも定期的に足を運ぶようになっていた。しかし当時は結局、社長に面会する機会は訪れなかった。

萱浜に戻った日

年が明け、まもなく震災から丸2年を迎えようとしていた2013年2月。萱浜を訪ねると、いつもと様子が違っていた。被災した上野さんの自宅の隣の敷地で、トントン、カンカンと音を響かせながら大工たちが足場に登って作業していた。上野さんが再建を決めた新しい自宅だった。

「親父たちがね、家に保険をかけてくれてたんで、それで助かったなぁと思って。百姓だった親父は生命保険なんかは入ってないんすよ。保険料を払っていくお金もなかったんだろうね。農家ってなかなか大変だからね。だから建物だけでも保険があって助かったなぁと思って。それがなければ、さすがに家を建てるのは難しかったかなぁと」

建設費用には、津波で全壊扱いになった自宅に対する支援金として国から支給された300万円と、家に掛けられていた災害保険の保険金を当てた。生前に父・喜久蔵さんが加入していたのだ。

「家の中見てきたら?」

そう上野さんに促され、私はカメラを手に建築中の家の中へと足を踏み入れる。1階には3部屋とキッチン、2階にも3部屋という間取りだ。その上には、3階に屋根裏部屋がある。

2階のひと部屋は、将来、倖吏生ちゃんの勉強部屋になるのだろうか。真新しい木の匂いはいいものだ。上野さん一家の新しい生活を想像し、なんとなく心が弾む。

津波で集落の7割が流出した萱浜地区の浸水エリアは、行政によって「災害危険区域」に指定されていた。上野さんの家を除いて一軒残らず流されたこの周辺は、今後も津波の危険があるため、「住居は建設できない」地区とされた。代わりに、津波が到達していない内陸に新たに土地を求め、集落ごと移転する「集団移転」という形が取られた。多くの住民はやむを得ず、その方針に従うことになった。

行政から「危険区域」の指定方針が示された時、地区では上野さんだけが、この方針に猛反発した。自分は元の場所に自宅を建て、絶対に戻るんだと言って聞かなかった。

「住んじゃダメだよって、行政には言われて、喧嘩して」

「最初はここはダメだった?」

「うん、もう全然ダメだって。でも、自分はもう他所に動く気は全然なかったので。どうしてもここに戻って来るんだっていうのがあって、我を通してしまったというか……」

頑として譲ろうとはしなかった。すると最後には、地域の人たちが上野さんを後押ししてくれたという。

「そん時に、部落の応援があったっていうのもあるね。ここの部落全体が、『敬幸が住むって言うんだから住ませろ』っていうような意見になったのさ」

「じゃあ、この部落の人みんなが?」

「後押ししてくれたから、行政としては少し考えざるを得ないような状況になったっていうのは事実だと思う。僕個人で言ってたら、当然通らなかった話だと思う。そうやって、みんなの後押しがあってね、『危険区域』っていうのが外れて、建てることができた」

多くの人が津波の犠牲になった萱浜地区の中でも、幼い子ども2人を含む4人を亡くした上野さん一家の被害は、とりわけ大きかった。行方不明のまま見つからない3歳の長男・倖太郎くんを、上野さんが捜し続けていることも、みな知っていた。その姿を見て、せめて望みを叶えてやりたいと、地域の人たちは思ったのかもしれない。結局、市の方が折れて、上野さんの自宅の敷地周辺だけを、「災害危険区域」から外すことになったのだった。

完成が近づくと、上野さんは引き渡し前の自宅に度々一人で泊まるようになった。ある晩のこと。被災した古い自宅を窓から見下ろせる2階の部屋で、一人寝転んで、ぼーっとテレビを見ていた時のことだ。上野さんは、不思議な感覚にとらわれたという。

「体の上に子どもが乗ってくるような感覚だったの。すぐに『あ、永吏可だな』って思った」

しばらくそのまま、その心地よい重みを感じていた。

完成した自宅の引き渡しは3月8日だった。その2日後に上野さんのところを訪ねた時、私は妻の貴保さんに初めて会うことになった。萱浜に再建した自宅に、貴保さんと次女の倖吏生ちゃんが仮設住宅から引っ越してきたのだ。貴保さんの第一印象は、黒髪で清潔感があり、控えめな感じのする可愛らしい人だなと思った。若い頃はきっとヤンチャだったであろう上野さんの奥さんとしては、少しだけ意外な感じもした。

新居を訪れた貴保さんは、まず座敷の棚の上に4人の骨壺と遺影を並べ、祭壇を作った。それまで入居していた仮設住宅は狭く、家族3人で暮らすのがやっとだった。そのためやむを得ず、4人の骨壺は檀家の寺に預けていた。1階のリビングからもよく見える、4人の新しい居場所ができた。

それぞれの骨壺の前に置かれた遺影の写真は、きっと多くの中から選ばれたものだろう。喜久蔵さんと順子さんは、冠婚葬祭用の正装をしている。2人とも、穏やかに微笑んでいる。特に順子さんは少し目を細めていて、嬉しそうにしている表情が印象的だ。長女の永吏可ちゃんは、和装でおめかししている。淡いピンクの帯締めに、きれいな水色の着物姿だ。襟元には赤い半襟と白いレースを覗かせている。髪には白い花飾りを付け、薄くお化粧もしていた。7歳の七五三の時の写真だった。倖太郎くんの写真は、少し日焼けした肌が、わんぱくなイメージを映していた。はっきりとした目鼻立ちの活発そうな笑顔で、カメラ目線だ。右手の人差し指と親指でVサインのようなポーズをとっている。

私にとっては写真でしか会うことのできない4人。この遺影から、様々な想像をするしかなかった。

上野さんにとっても、貴保さんにとっても、自宅の再建は念願だった。

新居に引っ越してきた妻・貴保さんと次女・倖吏生ちゃん。３人で新しい生活が始まる

「最初から、俺の方は、ここに戻ってくるつもりはあったからね。それで、三回忌前には自宅を建てたいということで。そっちは嫁さんの希望だね。三回忌前にっていうのは」

家族7人が、ようやく同じ屋根の下に揃った。

「奥さんが一番喜んで？」

「そう、嫁さんがね。家族をみんなここに連れて来て、一つ屋根の下に入ったっていうのは、何だろう？　自分の中の目標みたいなものが達成されたっていうのか。みんなでもう一度、同じ屋根の下に入るというのが目標だったから」

亡くなった4人の魂と共に、ここで家族３人生きていく。その覚悟が実を結んだ日だった。震災後の先の見えない日々の中で、上野さん一家にとって最初の大きな一歩だった。

２０１３年3月11日。萱浜の集落にサイレンの音が響き渡る。被災した自宅の前で、上野さんは震災から丸2年の黙祷を捧げていた。目の前には、引き渡しになったばかりの真新しい自宅もある。上野さんの隣には、妻・貴保さんが並ぶ。その腕には、次女・倖吏生ちゃんが抱かれていた。1歳6か月になっていた。大人たちの黙祷とは関係なく、腕の中でもぞもぞと動き回る姿が愛らしかった。

ファインダー越しにその様子を見ながら思ったことがある。いつかこの子も、このサイレンの意味を知り、手を合わせる日が来るのだろう。その時、自分の家族の身に起きた出来事や震災の現実を、彼女はどんなふうに語るのだろう。

〈第3章〉命と風化

（2013年4月―2014年3月）

福島に春を告げる

2013年の春は、震災後の萱浜地区の風景にちょっとした変化があった。ゴールデンウィーク中だったその日は、南相馬の道の駅で上野さんたちと合流し、まず車で20キロ圏内へと向かった。30人以上のボランティアが集まり、津波で浸水した民家の泥出し作業をした。

お昼を過ぎ午後になると、上野さんから声をかけられた。

「千晶ちゃん、もう見た?」

萱浜に行ってごらんと促され、上野さんの自宅に向かった。車で10分とかからない距離だ。到着してみて驚いた。思わず歓声をあげてしまいそうになる。そこに広がる光景は、一面の菜の花畑だった。津波で壊れた上野さんの自宅の前を、覆い尽くすように咲いている。

前年の秋、大雨警報が出る中を瓦礫拾いから始めた、あの場所だ。眩しいほど鮮やかな黄色の絨毯(じゅうたん)は、味気ない更地だった萱浜の印象を一変させた。

「津波で何もなくなってしまったところに、花を咲かせたいと。寂しいところに花を咲かせたいと、そういう感じだね。それに、こうやって春先に早くに咲いてくれるのがいいよね」

満開の花畑を前に、上野さんは少し照れくさそうな、嬉しそうな表情をしていた。

一面の更地が満開の菜の花畑になった。奥には、倖太郎くんの鯉のぼりが揺れている

菜の花は半年以上かけて、ようやく花を咲かせる。種を蒔くのは前年の秋で、すぐに芽が出た後、地を這うように背丈の低いまま葉を茂らせる。その状態で冬を越すのだ。春先に気温が上がり出すと、一気に1メートル近くも成長し、花を咲かせる。

空に向かって咲く小さな花々が、さざ波のようになって風に揺られている。菜の花畑の奥には上野さんの津波で壊れた自宅が見える。そこに、鯉のぼりが悠々と泳いでいる。倖太郎くんの遺品の鯉のぼりだ。密度の濃い黄色の花越しに、遠くブルーの水平線を望むこともできた。

そんな萱浜を見ていると、震災のことがまるで嘘のように感じられてくる。そこは2年前、泥水と瓦礫に覆い尽くされ、無数の遺体が放置されていた場所のはずなのに。

菜の花畑には、よく見ると「スタート」と書かれた看板が設置されている。実はこの菜の花畑は迷路になっていて、子どもたちが中に入って遊べるようになっていた。数日前、上野さんたちが、その場の思いつきで作ったものだった。

「どうぞ、千晶ちゃんも入ってください。カメラを持って。あっははは」

上野さんが、いつものように、いたずらっぽく笑った。

そこへ貴保さんがやって来た。腕には、泣きべそをかいた倖吏生ちゃんを抱いている。

「はい、スタートだよ！　なんか、この看板、お化け屋敷の入り口みたいだね」

看板は、福興浜団の手作りだ。真っ赤な背景に水色で書かれた「スタート」の文字は、ところどころペンキが滴り、オドロオドロしい。

「エイエイオーって。ほら、エイエイオー！」

貴保さんは、倖吏生ちゃんをあやしながら迷路を進んでいく。私もカメラを手に後ろに続く。菜の花は、大人の目線に届く高さまで成長していた。思いつきで作った迷路にしては、なかなか本格的だ。

「行き止まりでした！　なんか、すごく遠いな。もうわかんないな。道なのかなぁ？」

それでも10分ほどで、2人はゴールした。洋服は花粉だらけになっていたが、倖吏生ちゃんのご機嫌はすっかり直っていた。菜の花畑の穏やかなひとときだった。

手作りの看板をくぐると、楽しい菜の花迷路が続いている

映像を誰かに届ける

福島に一人で通い始めて、1年半余りが過ぎた。名古屋での生活は、相変わらずテレビ局の業務に追われていたが、それでも、福島に通って撮りためた映像を誰かに観てもらう機会を作らなければと考え始めていた。東日本大震災から3年目に入ったこの頃には、名古屋のメディアによる被災地報道はすっかり影を潜めていた。私が籍を置いていた中京テレビの報道部でも、震災関連の企画といえば、震災が起きた3月の一時期を除き、ほとんど通らなくなっていた。

私が初めてチャリティ上映会を開いたのは、この前年のことで、2012年の夏だった。名古屋市の中心街で、知人のツテで借りてもらったオフィスビルの一室に、顔見知りが30人ほど集まってくれた。平日は会社から帰宅すると夕食後にパソコンに向かい、深夜まで映像を編集する。東北に通う日以外の週末は全て、こうした映像編集と上映会の準備に充てるようになっていた。

この日は3本の短編映像を上映した。そのうちの一本が、「天国へのメッセージ」というタイトルで、南相馬の上野さんに初めてインタビューした時の映像で構成したものだった。みな映像に見入っていて、中には涙を流している人もいた。やはり上野さんの言葉は、人の心を打つと改めて思った。上野さんのインタビュー以外も、すべての映像にはナレーションを付けず、登場する東北各地の人それぞれの想いを前面に出して伝える内容にしようと心がけた。短いものでは5、6分、長くても20分程度の映像だ。

上映の合間には、私自身がマイクを手に話をした。現地で自分が見聞きしたままを、誤解なく伝えることに努めた。

「津波に見舞われた集落で、上野さんたちは40人くらいの遺体を自分たちで発見したそうです。警察や自衛隊ではなく、捜索はご遺族の方々が自ら行っていました。南相馬市では放射能に目を奪われるあまり、津波被害のことに関心を持ってもらえないと上野さんは言います。住民の間に、こうした温度差が生まれているそうです」

しかし、はじめての上映会以降は、なかなか2度目が続かなかった。この頃の私にとって、イベントを主催して上映会を開くことは、それなりにハードルの高いことだった。局の仕事であれば、撮ったものはテレビで放送することが前提だが、個人で撮影したものを、どうやったら人に観てもらえるものかと悩んでいた。

イベントを企画した経験のある知人に相談するうち、ある日、その一人が「自分の勤め先の会社に、上映会ができそうなホールがある」と情報をくれた。2013年4月のことだった。すぐさま企画書を手に名古屋市内の会場を訪ねた私に、施設を案内してくれた年配の男性社員が思いもよらない提案をしてくれた。イベントの協賛に社名を入れるのと引き換えに、会場を無償で提供してくれるという。初対面の人に背中を押され、驚くと同時に、人の温かさを感じて嬉しかった。

時期を同じくして静岡県でも上映会開催に繋がる出来事があった。中京テレビに勤める以前に働いていた静岡のテレビ局時代の先輩と、久しぶりに会おうという話になったのだ。私の活動について伝えると、一も二もなく「応援するから」と個人的な支援を申し出てくれた。その先輩の自宅は、マグロの遠洋漁業などで有名な焼津市で、津波の心配がある町だった。焼津でなら、防災啓発を兼ねたチャリティ上映会を開催すれば、人を集められるかもしれない。そう言って、早速、地元の同級生などに呼びかけてくれることになった。

2013年6月。こうして仲間が集まり、「想い願うプロジェクト」という名前で活動をスタートした。私が制作する東日本大震災の短編映像を上映するための団体だ。静岡県に、上映活動の拠点ができたのだ。最初の上映場所に選んだのは、焼津市内の蕎麦屋だった。常設のスクリーンが設置されている店内で、蕎麦を食べながら、みんなで映像を観て交流しようと企画が進められた。

聞けなかった質問

震災から2年が過ぎた頃を境に、上野さんの様子にもある変化が出てきた。この春から本格的に上映活動を始めていた私は、東北地方でも初めての上映会を開催することになった。福興浜団の仲間の一人が協力を申し出てくれ、一緒に山形県内を回るという企画だった。開催は7月に決まった。2泊3日の日程で、米沢、鶴岡、山形の県内3市を回る。

この打ち合わせの様子をそばで聞いていた上野さんから、意外な言葉が出た。

「千晶ちゃんたちがやる会なら、俺も行こうかな……」

それは震災以降の上野さんの態度からすれば、驚くべきことだった。どうせ自分の気持ちなど理解してもらえないと、口を閉ざし、外部の人を寄せ付けない雰囲気があったからだ。

「上野さんは、震災直後はずっと、マスコミの取材が来ると追い返してましたよね」

「もう大嫌いだったからね。うん」

「それがここに来て、何か気持ちの変化があったんですか?」

「なんかね、訴えなきゃいけないなって思ったの。それを一番最初に思い始めたのが、震災の年の暮れ辺りだったと思うんだけど……」

私が上野さんから、初めて震災後の身の上話を聞かせてもらったのは、震災の年が明けた2月のことだった。語らなければいけないと思い始めた後の上野さんに、私は偶然再会していた。そして今度は、大勢の人を前に話すことを受け入れてくれたのだ。

こうして上野さんも山形でのすべての日程に同行してくれることになった。

この上映会を開催すると決まったことで、私は上野さんに、改めて話が聞きたいとお願いした。この頃の私は、上野さんの心の奥の、誰にも言いたくない部分にまで踏み込むべきかどうか躊躇していた。その一つが、長女の永吏可ちゃんが遺体で発見された時の状況を、詳しく尋ねることだった。

しかし上野さんと一緒に登壇し、震災を伝えるとなれば、避けて通るわけにはいかない質問だと思った。それでも真正面から尋ねるのは怖かった。上野さんにとって辛い記憶を思い出させることになるからだ。やはり、上野さんを苦しめるようなことはしたくない。もしかしたら、私と上野さんとの人間関係が壊れてしまうかもしれない、という心配もあった。

山形行きの前、最後となる萱浜訪問の日に、私は意を決して福興浜団の仲間と活動中の上野さんに声をかけた。すると、みんなからは少し離れた上野さんの自宅の玄関先で話そうか、ということになった。

玄関先に来た上野さんは、そばにあった大きな灰皿の缶を自分の足元に置いて、ベンチに腰を下ろした。ポケットからはタバコを出す。いつものことだが、1時間も座っていると、目の前の灰皿は山盛りになる。

私も上野さんの隣に腰掛ける。そして、カメラのRecボタンを押した。

永吏可、そして倖太郎

震災直後のことについて、私から上野さんに詳細を尋ねるのは、1年3か月前に初めてカメラを向けた時以来だった。

「震災の当日のことは、まだ会ったばかりの頃、一度だけお聞きしたんですけど……」

「はいはい。まだ、わからないところがあれば」

ライターでタバコに火を点けながら、上野さんは気さくな感じで応じてくれた。

私は改めて、3月11日の地震発生時刻からの上野さんの行動を尋ねた。地震に見舞われた時、上野さんは当時勤めていた職場の農協にいた。自宅に戻ったのは、地震発生から20分ほど経った午後3時過ぎだった。自宅には上野さんの両親と、まだ幼い倖太郎くんがいた。

3人の無事を確認した上野さんは、両親の「津波が来るから避難する」という言葉を聞いていた。しかし両親は、一度避難所の小学校に行った後、永吏可ちゃんと倖太郎くんを連れ、自宅に戻ってしまった。その結果、4人は津波に巻き込まれたのだった。

そこまで話してもらい、ようやく萱浜での捜索のことに話が及んだ。私は、恐る恐る質問を投げかける。永吏可ちゃんが見つかった時のことを知りたいと。

すると、上野さんは静かに語り始めた。

「永吏可はね、見つかったのは多分3月13日だったと思う。嫁さんがちょうど、津波の後萱浜に戻って来た時だったの。その時はまだ3号機が爆発する前だったから、嫁さんがここに来たのさ。それと同時に見つかったの、永吏可は。家の後ろからね」

「じゃあ見つかった時は、奥さんも立ち会ったんですか？」

「ここにいた。そう、ここにいたの。うん」

上野さんは、当時の記憶をたぐり寄せるように、自分で何度も頷く。妻・貴保さんが、身を寄せていた実家から、被災した萱浜の自宅に戻ってきていた時だった。発見は、津波から

2日後のことだ。

貴保さんの震災当時の職業は、看護師だった。萱浜の自宅から車で15分ほどの内陸の病院に勤めていたため、津波の難を逃れていた。震災当日は、夕方まで職場で働いていたが、午後6時頃になって、上野さんが迎えに行ったのだという。その晩から貴保さんは、南相馬の内陸にある自分の実家に泊まっていた。翌日以降、津波にのまれた萱浜に足を運んだ貴保さんは、流されずに遺った自宅の2階で上野さんと一緒に荷物の確認をしていた。ちょうどその時、自宅周辺で捜索していた仲間から、「見つかった」という声がかかったのだという。

少しの沈黙があった後、上野さんがようやく言葉を続けた。

「……狂いそうだったな。いま覚えてるのは、もうどうしていいかわかんなくて、狂いそうだった、自分が。おかしくなると思った」

苦しそうに、しかし一生懸命に伝えようとしてくれている。

すると突然、話していた上野さんがスッと立ち上がり、黙って歩いていく。私も慌てて、後に続く。現在の自宅と被災した古い自宅の間を通り抜け、上野さんは家の裏手まで足早にどんどん進んで行く。そして急に立ち止まると、こちらを振り返り、30メートルほど先の一角を示しながら話し始めた。

「あの鉄塔のそばだったの……」

前方に大きな鉄塔が見える。まさにそこが、永吏可ちゃんの発見場所だった。自宅の裏手の少し低くなった場所で、当時は一面が水没し、まるで池のようになっていたという。

「最初、永吏可はすごい綺麗な顔をしてた。うん、綺麗な顔だった」

遺体と対面した後、上野さんは永吏可ちゃんを抱きかかえ、そのまま消防の車に乗って自分の手で遺体安置所に連れていった。永吏可ちゃんを運んだ先の安置所で、上野さんは母・順子さんの遺体とも対面した。順子さんはどこかで発見され、すでに安置所に運ばれていた。


永吏可ちゃんが見つかった翌日の14日、今度は第一原発の3号機が爆発する。この時、上野さんはたまたま訪れた避難所でラジオを聴き、初めて原発事故を知った。すると、上野さんの自宅がある南相馬市の20~30キロ圏内にも「屋内退避」の避難指示が出された。「屋内退避」の指示にもかかわらず、多くの市民は町を出て、他所へ避難して行った。市内各地の避難所も閉鎖された。上野さんも16日には、妊娠4か月だった妻の貴保さんを実家の両親と共に、親戚のいる茨城まで避難させた。

その頃までには、亡くなった家族の遺体は、農協が運営している斎場に移されていた。永吏可ちゃんの隣には、祖母の順子さんの遺体が並べられた。生前の永吏可ちゃんは、根っからのおばあちゃん子だったという。萱浜に残った上野さんは、捜索を始める前の早朝、そして終わった後の夕方には、毎日永吏可ちゃんに会いに行った。

「抱きしめながら、ずーっとチューしてた。生きてるうちには永吏可もね、最近は俺にチューなんて全然してくれなかったけど。随分したよ、うん。あと顔を拭いてやるのもね、毎日大変だったよ。毎日、拭いてあげてたんだ。綺麗にしてあげようと思って。どうしても時間と共にね、アザがどんどん出て来たりして。だってドライアイスも何にもない状態でずっと、10日以上置いといたので。少しずつ変わっていく永吏可の姿を、俺はずっと毎日見てて。それは、嫁さんには見せたくなかったなとも思うのね。あの永吏可の顔が、どんどん変わっていく姿は。でも俺は、それをずっと見てたんだけどね」

拭いても消えるはずのない遺体のアザを、上野さんは毎日一人で拭き続けていた。

そんな娘との最後の日々に、水をさす出来事があった。

「一日だけ、永吏可に会えなかった時があるんですよ。俺、永吏可の顔を見れなくて。農協の人も斎場の人も、みんな逃げてしまったの。斎場の鍵を閉めたまま逃げたんだよね」

3号機が爆発した後のことだった。

「それで俺も、市役所に行って『業者と連絡を取りなさい』と訴えたんだ。『もし来ないのであれば、俺はこのままガラスを割って入るから』って言ったの。市役所のヤツに、『今すぐ来い！　って言え』ってね」

リビングに飾られた写真。震災前の自宅の廊下で永吏可ちゃんと倖太郎くんが遊ぶ

翌日までには、誰かが戻ってきてくれたのだろう。また斎場に入れるようになった。上野さんは捜索が終わると、毎日泥だらけの長靴で、室内の棺の側まで入って行く。斎場の係の人は、それを黙認してくれていた。翌朝、上野さんが再び行ってみると、泥だらけの床はいつも綺麗になっていたという。

萱浜での捜索は、次第に難航し始める。瓦礫や水の中に埋まっている人たちを見つけ出すのは、手作業による捜索では至難の業だった。一方で市民の避難が続く中、共に捜索していた消防団の仲間たちも、親戚などから心配され、一度は避難せざるを得なくなった。

そして、ひと晩だけだが、上野さんが萱浜に、たった一人残された日があったという。物音ひとつしない、静まり返った萱浜。目の前に広がる津波被災地は、見渡す限り水没し、瓦礫に覆い尽くされている。まるで、命あるものの存在が一切消え失せたような静寂につつまれていた。その異様なまでの静けさを、上野さんはひと言、「無」と表現する。そこで上野さんは一人、子どもたちの名前を泣き叫びながら、ただひたすら歩き続けた。その時思ったという。もしも自分まで避難して捜す人がいなくなったら、行方不明者は誰一人見つからなくなってしまうのではないかと。

当時の上野さんが、絶対に萱浜を離れないと決めた理由があった。

「永吏可が見つかった時、それと同時に、『倖太郎もそばにいる』と。自分の中ですぐ、倖太郎もそばにいると思ったから、同じ場所を捜そうと思って、そこに行ったんだけどね」

「倖太郎くんは、永吏可ちゃんとは一緒にいなかったんですね」

「いなかったねぇ。そう、いなかった。ねぇ。やはり自分は親だから、永吏可のことは抱きしめて謝ることができた。自分は最低の親だけど、それでも永吏可には謝ることができたと思っていて。だから、倖太郎にも謝んなきゃいけないと思って。早く見つけてあげて謝んなきゃいけない。抱きしめてあげたいっていうのが、当時の自分の目標だったのさ」

生きているから

しばらくすると、一度は避難した消防団の若い仲間たちが戻って来てくれた。そしてまた、仲間だけでの捜索が始まる。その頃、南相馬市の海岸から10キロほど内陸にある妻・貴保さんの実家は、一家で茨城に避難しており空いていた。そのため、しばらくは捜索する仲間たちとみんなでそこに寝泊まりした。毎日萱浜に通い、日の出から日没まで捜し続けていた。上野さんにとっては、倖太郎くんを見つけるんだという想いだけが支えとなっていた。

「倖太郎を見つけるんだっていうことが全てだった。そのために、僕はここに残ったので。避難というのも選ばないで、倖太郎を見つけなきゃいけない、捜さなきゃいけないっていうのだけで残ったので。だからもし見つかってたら、俺は生きてなかったと思う」

「それは変な話、もう自分で命を絶つと？」

「死ぬっていうこともね、考えたと思う」

最後には、自ら命を絶とうとまで考えた。しかし倖太郎くんが見つからなければ、死ぬわけにもいかない。すると次第に、ある考えが浮かんで来たという。

「途中でね、倖太郎は俺を生かすために出て来ないのかなって思った時があったの」

「生かすため?」

「うん。俺多分、あの時に早い段階で倖太郎が見つかって抱きしめてたら、多分、自分で死んでると思う。だから倖太郎が出て来ないのは、『ああ、俺を生かすために出てこないのかな。俺、倖太郎に助けられたのかな』って思うようになったの。見つけてあげたいんだけど、倖太郎はわざと出てこないんだろうなぁって思って。見つかんないようにしてるのかなって思ったの」

我が子を守れなかった後悔と深い自責の念は、今も変わることはない。せめて見つけてあげたいと願う倖太郎くんは、行方不明のままだった。

私はいたたまれなくなって、上野さんにこう問いかけた。

「でもやっぱり、いま生きてるからこそ……」

「そうそう、それは当然、そうだと思う。生きてる人しかできないこと、生きてるから、やらなきゃいけないこと。当然いま命があるうちは、やらなきゃいけないと。やることがあるんじゃないかと思うし」

いまでは、死にたいという気持ちはなくなったと言ってくれた。上野さんのふかしたタバコの煙が、空中に揺らめいて、静かに消えていった。

震災を語る

2013年7月下旬。目にも鮮やかな緑の中、高速道路を爽快に走る車の助手席に、上野さんの姿があった。福興浜団の仲間で、山形在住のボランティアの女性が案内してくれて、これから3日間で山形県内を縦断する。私は車の後部座席に座っていた。県南部の米沢市から北上して鶴岡市、そこから山形市と各地で上映会イベントを開催することになっていた。上映の合間に上野さんとの対談を入れながら、最後は質疑応答という約1時間半のプログラムを考えていた。

「緊張するな。俺、そんな大人数の前でしゃべったことなんてねぇよ」

登壇する前、上野さんはそんなことを口にしていた。

ところが、いざ登壇してもらうと、まったく問題はなかった。問題がないどころか、むしろ上野さんの簡潔でストレートな物言いは、人の心に訴える力を持っていた。話す内容も、自分の窮状を訴えるだけのものとは違い、冷静に事実を伝えていた。初日は50人ほどの参加者を前に、冒頭でまずこんなふうに語った。

「僕にとっては、津波なんです。福島にとっても、人の命を奪っているのは、津波なんです。

その後の、原発事故関連死っていうのもありますけど、まず津波で家族を亡くしている人たちがたくさんいるのに、そういう人たちに全く目が向かないっていう現状には、どうしても違和感があって」

敢えて慣れない人前に出てまで語ろうと思った理由が、そこにあった。私が尋ねると、上野さんはこんなふうに話してくれた。

「一時期はもう、『俺が言ったってしょうがねえな』って思った時もあったさ。『もう、いいや』って。だけどね、どうしても『福島は放射能』っていうイメージがあってね、津波っていうワードがなかなか出て来ない。家族を亡くした状況というだけでも辛いのに、福島では原発事故のおかげで、自分の子どもの火葬にも立ち会うことができなかったとか、捜すことができなかったとか、その傷口に塩を塗られたような体験をしてるわけでしょ。そういう体験をした人たちが第一原発の30キロ圏内にはいるんだと知ってほしかったの」

各会場では、参加者たちと直接コミュニケーションを取る機会も生まれた。目の前に話を聞いてくれる人がいて、その反応が見えることにも、上野さんは手応えを感じたようだった。

移動の合間には、山形県内の観光をしたり、地元の美味しいお酒を味わったり、和気あいあいとした楽しい旅となった。震災後、休むことなく行方不明者の捜索を続けてきた上野さんにとって、良い気晴らしになったようにも見えた。

翌月の8月11日には、萱浜で3度目となる追悼の花火が上げられた。

福興浜団では、それに合わせ、上野さんの自宅の前の敷地に新しいイルミネーションを設置した。〈わらいあえるところにします〉というメッセージを描いた。文字の隣には、電飾で大きなニコニコマークを作った。

「ほら、この顔！　顔をやりたかったの。ニコニコマーク！」

上野さんは、サングラスにくわえタバコというスタイルで、悪ガキのように笑う。

もうすぐ2歳になる倖吏生ちゃんは、今年初めて浴衣を着た。白地に赤い花模様の浴衣で、タンポポのように鮮やかな黄色の絞りの帯を結んでいる。福興浜団のみんなに手を引かれ、浴衣姿で会場をチョコチョコと歩きまわる。しかし肝心の花火の時には、遊び疲れて夢の中だった。

上野さんは今年も実行委員長として、忙しく会場じゅうを駆け回っていた。本当は、一瞬でも時間が許せば、被災した自宅の前で花火を見たいと密かに打ち明けてくれていたが、それも叶わなかった。精悍に日焼けした顔が、汗に濡れて光っていた。

「最後に僕からもう一つだけ、お願いがあるんですが。皆さん今ちょっと上を見てください。上を見て、天国のみんなに笑顔を届けてあげてください。最後に。みんな笑ってください！」

そう言って、ステージ上で挨拶した上野さん。落ち着いて花火を見ることはできずじまいだったが、清々しい笑顔で、この日をしめくくった。

花火が終わると、萱浜は再びいつもの静けさを取り戻す。街灯一つない暗闇には、笑顔のイルミネーションが灯っていた。

分断された大動脈

2012年4月の南相馬市に続き、この夏までには福島第一原発に近い双葉郡の浪江町、富岡町、双葉町、大熊町の4町でも「警戒区域」が解除されていた。それに伴い避難指示区域の再編が行われ、福興浜団では、一部で立ち入りが可能になった原発周辺の沿岸部にも捜索範囲を広げていた。

捜索に出かけていく時、必ず通るのが国道6号線だ。海岸沿いを南北に走る浜通りの大動脈として、福島県沿岸部の10市町を貫いており、第一原発のそばも通っている。

この頃には南相馬市から国道6号線を南下すると、双葉町の入り口に、立ち入り制限の検問所が置かれていた。道路上はバリケードで封鎖されており、非常に物々しい雰囲気だ。通行するには、許可証を示さなければならない。第一原発が立地する双葉町と大熊町は、町の大半が新たに「帰還困難区域」に指定されたため、相変わらずバリケードの中だった。

9月初旬のある日、上野さんに誘われて、一度国道6号線を南へ下ってみることになった。当時福興浜団には、物資の運搬など復興支援活動に携わるという名目で、南相馬市から、国道6号線の通行許可証が発行されていた。

検問を越え双葉町に入ると風景は一変する。街は荒廃し、ひと気は全くない。民家の庭木は伸び放題で、家も覆い隠すほどだ。窓ガラスは割れ、ボロボロになったカーテンが垂れ下がり、風になびく。鉄骨が錆び付いて廃墟のようになった量販店の店舗も目に入る。

双葉町からさらに南の大熊町に入って数分。手元に置いた線量計のアラームが鳴り止まない。空間線量を示す数字がみるみる上がっていく。4マイクロシーベルト、6、8……、そして1時間あたり9マイクロシーベルトを示した。一般に、自然界にある線量は、1時間あたり0・1マイクロシーベルトほどだが、その90倍もの線量ということになる。それも車内の数字だから、屋外はその何倍にものぼるはずだ。

まもなく国道沿いの左手、海の方向に開けた土地が見えると、その向こうにそびえる4本の排気筒が目に入る。東京電力福島第一原子力発電所だ。私にとっては、初めて直に見る第一原発の姿だった。しかし、「帰還困難区域」内を走る国道6号線上では車を停車することができないため、その姿は、ほんの数十秒で、あっという間に車窓を流れていった。

この時の車内で、上野さんの口からこんな話題が出た。

「今度は大熊。捜索っていうことで、大熊町に入りたいと思ってる」

大熊町で捜索をする計画があるという。大熊といえば、事故を起こした第一原発の1〜4号機が立地している町だ。


この数か月前に、上野さんは一人の男性と出会っていた。大熊町の住民の木村紀夫さんだ。木村さんは、津波で家族3人を亡くしていた。

父・王太朗さん（当時77歳）と、妻・深雪さん（当時37歳）の2人の遺体は、震災後、数か月以内に発見されていた。しかし小学校1年生だった次女の汐凪ちゃん（当時7歳）だけは、行方不明となっていた。木村さんは、避難先の長野県から毎月のように、「帰還困難区域」となっている大熊町に通い、自力で捜し続けていた。


木村さんは、同じく捜索をつづける上野さんの存在を知り、南相馬を訪ねてきたという。実は、上野さんの方も木村さんの存在を以前から知っていた。

「俺は、木村さんの存在は、すごく前から知っていて。『捜してます』っていう手書きのチラシを、震災の年から、安置所だったり市役所だったりで見てたので」

当時、木村さんが手作りしたチラシには、こう書かれていた。

《捜しています!!　大熊町で3人が行方不明です　木村汐凪　7才　深雪　37才　王太朗

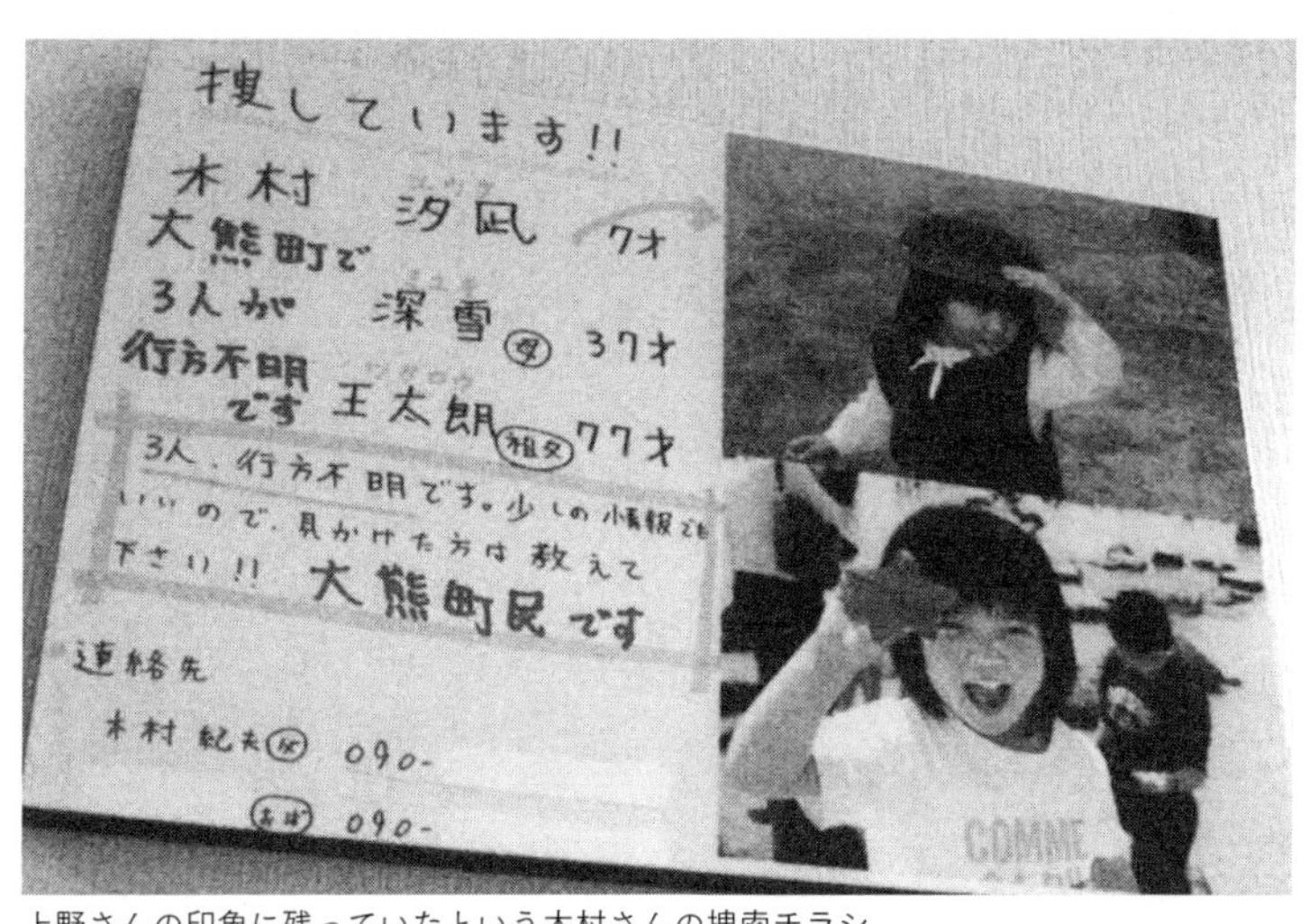

上野さんの印象に残っていたという木村さんの捜索チラシ

77才　少しの情報でもいいので、見かけた方は教えてください!!》

そして、木村さんの携帯電話の番号が書かれていた。そこには、弾けるような笑顔をした汐凪ちゃんの写真が貼られていた。

10月に入り、いよいよ上野さんたちが大熊に行くという日、私は早朝の萱浜にいた。被災エリア全体が見渡せる地区の入り口付近に立ってみる。遠くには、一直線に横たわる水平線が見える。朝日を反射して、まばゆいオレンジ色の光を放ちながら、空と大地とを隔てていた。その柔らかな光に包まれて、視線の先には上野さんの自宅がシルエットとなり浮かび上がって見える。

自宅を訪ねると、上野さんは車に荷物を積み込んでいるところだった。

この日は10月12日。永吏可ちゃんの誕生日だ。被災した上野さんの自宅の前では、朝日を浴びながら、ピンク色の可憐なコスモスがたくさんの花を咲かせていた。永吏可ちゃんが生まれたのも、やはり早朝だったという。

すると上野さんが数日前に、誕生日プレゼントを買いに行ったことを話し始めた。

「プレゼント買いに行く時に、もう俺最初から泣いてんのよ。悔しくて、泣きながら車を運転してた。すごく悔しい。『なんでなんだろう?』って。いつもそうだよね。俺が泣いてる時に思うのは、『なんで永吏可と倖太郎なんだろう?』ってこと。だけど嫁さんはじーっと黙って、倖吏生と遊んだりしてて。ずっと内に秘めてるような感じだね。うん。ずーっとそう。嫁さんが俺の前で泣くことは、ほとんどないから。永吏可と倖太郎のことを考えても、泣くっていうことはほとんどない」

まもなく、大熊町に一緒に入るボランティアの仲間たちが到着した。ほとんどが40代以上の男性で、東京など関東から来ていた。線量の高い大熊町では被ばくのリスクが高いことから、当面、女性や若者は同行しないことになった。それは、捜索の主体になっている大熊町の木村さんの意向だった。

私も「女性だから」という理由で、同行するわけにはいかなかった。仕方なく、大熊町に向けて出発する上野さんたちの車を、一人だけ別の車で追いかけていく。国道6号線を車で30分ほど南下すると、双葉町の入り口に検問所がある。この先は、許可証がなければ入れない。私だけその場でUターンし、上野さんたちの車が検問を通過していく後ろ姿を見送った。以降、私はこうして上野さんたちを見送り、大熊から戻ったらインタビューする、ということを繰り返すようになる。この見送りは、その後1年4か月の間続くことになった。

上野さんたちが出かけた後の自宅には、倖吏生ちゃんと貴保さんが残っていた。この日、上野さんが留守中の自宅で、私は初めて貴保さんに話を聞いた。それまでは、お子さんを亡くした貴保さんの気持ちを思うと、どうしてもカメラを向けることができずにいた。初めて会った日から、7か月が過ぎていた。

妻の想い

萱浜の上野さんの自宅に戻ると、大熊町には入らない女性のボランティアたちが、永吏可ちゃんのために誕生日の花を持って来ていた。被災した自宅の祭壇に供え、手を合わせていく。その隣で、前の月に2歳を迎えた倖吏生ちゃんが、貴保さんに抱かれていた。

震災後の貴保さんは、家にいて倖吏生ちゃんの子育てをしてきた。震災前は看護師として忙しく働いていたため、自宅で子どもたちと過ごす時間は、決して多くはなかったという。津波の時も、貴保さんは内陸の職場にいたために無事だった。震災当日は、地震が起きてから3時間以上、夫が職場に迎えに来るまで仕事を続けていた。倖吏生ちゃんを妊娠中だったこともあり、震災後数日間は同じ市内の内陸にある実家で過ごし、震災から5日後の16日には茨城県に避難するため、南相馬市を離れていた。福島第一原発の3号機が爆発した翌々日のことだった。

3月末に南相馬に戻った後、しばらくは実家で過ごし、6月から仮設住宅で暮らし始めた。こうして震災の年の9月に、市内の病院で倖吏生ちゃんを出産したのだった。

幼い子どもがいる家庭で、放射線量の高い場所に夫を送り出すことに、不安は感じていないのだろうか。さりげなく貴保さんに尋ねてみた。

「ああ、全く。全く不安とかそんなことないです」

柔らかい口調だったが、「不安はない」とハッキリ言い切った。表情はにこやかで、思いのほか好意的な雰囲気だった。私は驚かせないようにと気遣いながら、さりげなくカメラを回させてもらう。すると、貴保さんが話を続けた。

「線量も、本人が気にしていないものをね、私がとやかく言っても仕方ないから。そもそも誰かが言って、言うことを聞くタイプじゃないから、もう諦めるしかないっていうか。パパは周りの意見を聞くタイプではないので」

当然ながら、上野さんのことをよく理解している。萱浜に自宅を再建して戻ったことも、夫の一存で決められたことだった。一度津波が来た場所に住むことに対しては、貴保さんの周囲には反対の声もあったという。それでも貴保さんは、それを受け入れた。

「パパはもうね、ここで農業をやろうと思ってる。震災前まではお義父さんとお義母さんが、ずっと若い頃から農業やって、2人で守ってきたんですけど。パパは手伝って来たわけでもないし、全然やっていないので。生計を立てて行けるかどうかはわからないですけど」

「やっぱり、ご両親の守ってきたものだから?」

「親が守ってきたものを、やっぱり自分が守んなきゃいけないって思ったんでしょうね。それまでがね、どちらかというと、孝行息子では全くないので。まあ親孝行できなかった分、それくらいは自分がやっていかないといけないって、逆に強く思ったんでしょうけど」

上野さんの決めたことを黙って受け入れる貴保さんの器も、大したものだと思う。

「そうじゃないと、上野さんの奥さんはできないですよね」

そう言葉をかけると、貴保さんは笑いながらこう答えた。

「もしね、倖吏生ちゃんとママの面倒をみてくれるっていう人がいるんだったら、パパなんて切り捨ててもいいぐらいなんだけどね。あはは」

笑顔で答える貴保さんのユーモアは、かなりの辛口だった。それを聞いて、倖吏生ちゃんをあやしていたボランティアの女性が大声で笑い出す。私もつられて笑ってしまった。この人は、どんな状況も生き抜いていく、しなやかさとたくましさを持っているという気がした。わずか数分の会話だったが、私にとって、少しだけ貴保さんとの距離が近くなった気がした。

しかし、この穏やかな笑顔の陰に、誰にも言わない本音を秘めているのではないか。実は、上野さんから聞いた話がある。震災直後、貴保さんが避難するため南相馬を離れることになった時、萱浜で捜索を続けると決めた上野さんに向かってこう言ったのだという。

「倖太郎を、捜してきてね」

翌年、南相馬市内で「警戒区域」が解除になった時、そこへ捜索に入るという上野さんに向かって、もう一度だけ同じ言葉を言った。しかし普段の貴保さんは、上野さんに対してそういったことは全く口にしないのだった。

「嫁さんの中で子どもたちに対する後悔は、すごくあるだろうと思うのね。口には出さないけど。倖太郎が行方不明のままなのに、避難のために、ここを離れたということで。まぁしょうがないことだとは思うけど、永吏可のそばにもいてやりたかっただろうし。最後の別れもしたかったんじゃないのかなって、当然思うよ。その、火葬っていう場面は、永吏可の体があるのが、もうそこで終わりだからね。そういうところに一緒にいられなかったのは、すごく辛いと思う。母親だから余計にね。だけど、そういうことをあんまりウチの嫁さんは口には出さない。やっぱり当時、嫁さんの中では、お腹の赤ちゃんを守らなきゃって意識が強かったって言ってたから」

貴保さんが避難することになった時、まだ永吏可ちゃんの火葬の目処は立っていなかった。震災と原発事故のせいで、火葬場も人手不足や燃料不足に陥っていた。遺体が発見されて10日ほど経って、ようやく火葬が行われた。立ち会ったのは上野さんと、県外から駆けつけた上野さんの弟と妹の3人だけだった。

復興の大きな波

11月。もう秋も本番だというのに、この日は半袖がちょうどいいくらいの暑さで、照りつける太陽の日差しが眩しかった。萱浜の風景は更地のまま変わらない。津波で流された家々の敷地には、コンクリートの塀の跡だけが遺る。手作りの祭壇があちこちに見える。

しかし、こうした個人の敷地は、「災害危険区域」に指定され、まもなく市に買い上げられることが決まっていた。そうなれば、そこには新たに農地が造成され、誰かの自宅があったという痕跡は消えてしまうことになる。

そんな風景の中を、小さな足で、2歳の倖吏生ちゃんが駆け出した。

「よーい、ドン!」

倖吏生ちゃんのお守りをしていた女性ボランティアの声で、駆けっこの真似をしてみせる。そんな様子に私がカメラを向けていると、道路の向こう側から私をみつけた倖吏生ちゃんが、駆け寄ってきた。ビデオカメラのレンズを覗き込み、Vサインのような可愛い仕草をしてみせる。

「はい、ぽーじゅ(ポーズ)!」

見たこともないようなカメラに好奇心いっぱいで、レンズフードや折りたたみ式のファインダーを触ってくる。

この頃の倖吏生ちゃんは、自宅から見える範囲の近所を、時々散歩するようになっていた。大人が付き添ってはいても、自由な一人歩きが楽しくて仕方がない。道に落ちている石ころや葉っぱ、小さな虫たちを見つけては、しゃがみこんで観察したり、手に取ってみる。道端に咲く小さな花を見つけた時は、手をたたいて喜んだ。

「ちいろ(黄色)! ちいろ!」

まるで荒野のように潤いの失われた津波被災地の真ん中で、こうして新しい命が育まれていることが、なんだかとても尊いことに思えた。

2歳になった倖吏生ちゃん。一面の更地の中、両手をいっぱいに広げて走る

この日の福興浜団の活動では、これから冬を越す菜の花の株を手入れするという。その合間に、私は上野さんと少し話をした。津波で壊れた自宅の縁側に腰かけながら、上野さんが心配そうに言った。

「劣化していくというかね、もう腐ってくるよね、木もね」

見上げると、むき出しになった天井裏の柱がところどころ腐食しているのがわかる。家屋の傷みは、年々激しくなっていた。それから少しの沈黙があった後、上野さんがこう言葉を続けた。

「……うーん。多分、市役所で日にちを決めたと思うんすよ。ケツを決めたというか」

「それは何の？」

「解体の。２０１４年の3月。解体の申込期限をね。だから、その時点までに申し込んだ人は、市の方の予算で解体しますよと」

震災で壊れた家屋は、全壊の場合、行政の方で解体費用を全額補助する仕組みがあった。そのためには期限内に、家主が解体の申請をしなければならない。そうでなければ、自費で解体するしかなくなるのだが、費用は数百万から数千万円にものぼると言われていた。震災瓦礫は一般の廃棄物と違い、専用の処理施設でないと廃棄できないためだ。

この時期、上野さんは「復興」を急ぐ世の中と、家族を亡くした当事者との間での、埋めがたい温度差を感じていた。

「そんなに焦んないで欲しいなとは思うんだけどね。どっかでは、やっぱりやらなきゃいけないかなぁと」

上野さんは、どうしても解体する決断ができずにいた。

「この家がなくなってしまうと、ホントにここの地区でも、もうなんにも残ってないでしょ？　知らない人が見たら、何が起こったのかもわからない状態になるけど。これがあると、津波が来たとこなんだなぁっていうのは、わかるだろうしと思ってね。ホントは残しておきたいけど。でもね、どこまでこの家がもつかどうかもわからないから。嫁さんはね、ハッキリしなさいっていうふうに言ってるね。壊すなら壊すで、ハッキリしなさいって」

可能なら被災したこの家は、できるだけ長く、このまま遺しておきたいと上野さんは考えていた。

「俺だって、復旧復興は大事だってわかってる。本当は『復興』っていう言葉も嫌いなんだけどね。その『復興』が何か？　って言われれば難しい部分があるわけじゃないすか。なかなかそこに向かえない人も実際いるわけで。そういう人たちを決して置いて行っていいわけはないので。その気持ちの面で寄り添った行動が、行政にはできないものなのかなぁと思うよね」

復興が早く進むのは、無条件で良いことだと思い込んでいた自分に気付かされる。そしてこれは、一体誰のための、何のための「復興」なのだろうか。

「壊したくない理由というのは？」

「大きいのはやっぱりアレだね。永吏可と倖太郎が生まれ育ったところだし、家族がみんなで生活してたところっていうのが、自分の中では一番大きいかなって思うね。それに2階にはまだ、永吏可が小学校に入学した時に買ってあげた机もあるしね。でも今は、なかなか2階にね、怖くて入ることができないから……。難しいね。まだ、このままにしておきたい」

上野さんが、手にしていた缶コーヒーを傾け、一口ゴクリと飲み込んだ。

違う風景を見ている

被災した自宅の2階のうち、海から遠い西側が永吏可ちゃんの勉強部屋だった。1階は天井まで津波をかぶっているため見る影もなくなっていたが、2階には浸水していなかった。

1階の廊下には、一枚板の扉がある。その向こうには、2階へと続く階段があった。扉は普段から閉められていて、小さな南京錠がかけられていた。誰かがそこに入るということは、まずなかった。

もちろん私も、その扉の向こうの風景を見たことはない。実は上野さん自身が長いこと、その階段を上っていなかったのだ。

「もうずーっと、入ることができなくて。震災の年のね、津波の年の、いつぐらいだろ？7月ぐらいかな、夏だね。永吏可の部屋に最後に入ったのは。それから後は入れなくなっちゃったの、怖くて」

「怖いというのは、どういう気持ちからですか？」

「なんだろう。そうね、自分がおかしくなるんじゃないかなっていう感じがして。最後に入った時にも、もうおかしくなりそうだった。一人で入ったんだけどね」

「それは、現実を目の当たりにするから？」

「そういうのもある。あそこの部屋に入ると、部屋の中だけが、震災前の当時のままでしょ？　その何ていうの、ギャップにもう耐えられなくて」

「あの、2階の部屋はそのままなんですか？」

「そうそう。だから、そのままの永吏可の部屋。机とか、いろいろ荷物はあったから。そこは、そのままになってて。その部屋だけは普通のままなんだけど、津波の後の現実はもう全然、違う話でしょ？　それがもう耐えられないっていうような感覚になる。でも、どっかでは必ず、整理するために入って、荷物をこっちに持ってこなきゃいけないんだけど。そこに行くのは、すごく辛いっていうのがあって。なかなか入れないいんだよね」

津波で変わり果てた風景の真ん中に、震災前の状態のまま、遺された空間。上野さんが混乱するのも、無理はないのかもしれない。

こうして被災した自宅のことを話している時、思ったことがある。上野さんの眼には、私が見ているのとは全く違う風景が映っているということだ。私の目の前に広がる光景は、更地に、津波で被災した家が一軒建っているだけ。その家の壁は抜け、柱は折れ曲がり、天井には泥のしぶき跡が残る。そこに、時に激しく砂埃を巻き上げながら、強風が吹き抜けていく。1キロ先の海岸まで視界を遮るものは何もなく、水平線まで見渡せた。

しかし上野さんが見ている風景は、違っている。記憶の中に鮮明に焼きついた、かつての萱浜の風景を見ている、そんな気がした。

かつての自宅の周りには、家よりもずっと大きな納屋だったり、何棟ものビニールハウスや畑があった。そこでは季節ごとの野菜が育てられていた。近所では、どこも家々の背後に、居久根（いぐね）と呼ばれる緑の葉を茂らせた木立があった。夏には木陰を作り、冬には乾いた真冬の強風から集落を守ってくれていた。そのために、当時の集落から海は全く見えなかった。

家々が立ち並ぶ辺りから海岸まで700メートルほど続く低地は、一面の田んぼだった。毎年秋には、黄金色の稲穂が連なる田園風景が広がっていた。上野さんの両親も、そこで米を育てていた。上野さんは、生まれも育ちもそんな萱浜だった。

上野さんが変わり果てた自宅の姿を、懐かしそうに愛おしそうに眺める。そこに、震災前の家族の姿と、当時の暮らしを重ねているようだった。被災した自宅は重厚な造りの日本家屋で、上野さんが二十歳くらいの頃に、父・喜久蔵さんが建てたものだった。若い頃から専業農家を営んでいた両親は、経済的に余裕があるわけではなかった。その中でも喜久蔵さんは、こうして立派な我が家を建てたのだった。その家に刻まれた、亡くなった家族との思い出は、二度と作ることはできない。

私たちがいま腰掛けている縁側には、広々とした廊下がある。その内側には、二間続きの和室があり、襖で仕切れるようになっていた。上野さんは、時折部屋の中を指差して、思い出しながら話を続けた。

「ふすまは全部、常に開いてたような感じで、障子も全部開いてた。だから永吏可、倖太郎が走り回るには、結構十分なスペースだったんすよ。倖太郎もここで走り回ってたね、ずーっとね、うん。この廊下とか全部。かくれんぼをやるにしても何をやるにしても、動きやすいスペースだった」

すると何かを思い出した上野さんが、可笑しそうにちょっと吹き出した。

「穴だらけの障子。もう、お袋も途中で諦めたの。交換しても交換しても、倖太郎に全部破られるでしょ？　倖太郎がやると、お姉ちゃんも同じ調子でやるのさ。そうすると、お袋が『もう嫌だ』って。しまいには、全然直さなくなってたね」

上野さんは、いつのまにか笑顔になり、懐かしそうに話していた。しかし、いくら願っても、その時間は二度と戻ることはない。

壊れそうな心

年が明け、2014年を迎えた。この頃の上野さんの体調は、目に見えて悪くなっていた。

不調の原因は、心の問題だった。年末あたりから、福興浜団の親しいボランティア仲間は、その異変に気付いていた。

1月下旬、南相馬市の村上海岸での捜索に同行した時のことだった。たまたま取材に来ていた顔なじみのテレビ局の記者に、上野さんが露骨に不機嫌な態度を取っていた。捜索活動の雰囲気も、どことなくピリピリとしていた。

私も、上野さんにカメラを向けることをためらったが、いつもと同じように接した。足手まといにならぬよう気をつけながら、みんなに交じって海岸沿いを歩く。

みな慣れた様子で、波打ち際に積み重なる消波ブロックの山によじ登り、その上を移動していく。時にはコンクリートの壁と壁の間に両足を突っ張りながら、谷間に落ちないようにして進む。私も消波ブロックの上に登って、カメラを構えていた。

「落ちないようにね。危ない！　危ないよ」

上野さんが近付いて来て、私に声をかけてくれた。

「この下ね、時々潜れるとこがあんだよ」

ちょうど引き潮だったため、消波ブロックと濡れた砂浜との間に空間ができていた。上野さんが、その狭い隙間に躊躇なく潜っていく。

いつも通りに接してはくれたが、やはり上野さんの方からは、あまり話したくない雰囲気が伝わってきた。

この日、捜索した海岸の一部に、数十メートル四方の白い壁で囲まれた一角が出現していた。その内側では、6、7台ほどの重機がせわしなく動いている。これは放射性廃棄物の仮置き場だった。この頃から、南相馬市の市街地を除く沿岸部や山間部の各地には、こうした仮置き場が作られ始めていた。白い壁の内側には、除染によって出された放射性廃棄物の入った黒いフレコンバッグが積み上げられていった。

翌日、上野さんたちは地元の萱浜の海岸を歩いたのだが、そこもまた、工事のために「立入禁止」の黄色いロープが張られていた。津波で被害を受けた堤防などの復旧工事だ。福島県では、震災からまもなく3年というこの頃になって、立ち入り禁止になる海岸が増えていた。震災後、捜索のために歩けたはずの場所が、入ることさえ難しくなっていたのだった。

上野さんの心を不安定にさせた原因の一つには、こうした状況の変化があったように思う。

「倖太郎は、もう見つからないかもしれない」

そんな考えが、頭に浮かんできて離れなくなったという。

上野さんが住む萱浜の自宅からも、護岸工事の様子がよく見える。海岸に大量の土を盛って堤防の土台を作り、その表面を一様にコンクリートで塗り固めていく。

津波で堤防が破壊され、上野さんの家からもすっかり見えるようになっていた水平線は、数年のうちに徐々にコンクリートで目隠しされていった。これまで捜索してきた場所が、コンクリートの下に埋まっていく。そこは、行方不明の倖太郎くんを想い、震災直後から幾度となく歩いた海岸だった。

村上海岸と萱浜での捜索活動の1週間ほど前にも私は上野さんと名古屋で会っていた。私が制作した短編映像をチャリティで上映するイベントに、上野さんがゲストとして来てくれたのだった。

「家族をさがして~3年目の春~」という30分の映像を上映した後、上野さんには私と共に登壇してもらった。しかしその表情は、いつになく疲れているように見えた。さらに原発事故当時の捜索に話が及ぶと、さめざめと涙を流して語り出した。

「永吏可が見つかった時にね、鼻に泥が詰まったりしてたのを、俺は取ってあげて。ズボンが下がってたから、それを直してやったりして。原発が爆発してからは、誰も助けに来ない中、自分たちだけで捜索を続けていましたね」

静まり返る会場で、聞いている人たちも泣いていた。上野さんが、ここまで憔悴した姿を人前で見せるというのは、ただ事ではない気がした。

翌月にも、上野さんには、静岡県に来て登壇して欲しいと依頼していた。私が仲間と共に、焼津市で企画していた上映会だった。参加を打診すると、上野さんは快く「行きます」と言ってくれた。

2月に入り、いよいよ上映会が迫ってきた。やはり上野さんは無理をしているという気がしてならなかった。とにかく一度直接顔を見て話そうと思い立ち、私は急遽南相馬に向かうことにしたのだった。

大雪の萱浜で

2月8日。東北から関東全域にかけてが、歴史的な大雪に見舞われた。都心では45年ぶり、仙台でも78年ぶりの積雪量となった。午後になると、その晩の名古屋発の夜行バスは運休が決定した。それを知った私はすぐに予定を変更し、東京行きの新幹線に乗った。夕方、東京駅に着くと、すでに列車の運休が相次いでいて、駅構内は乗客で溢れかえっていた。ようやく発車した新幹線は、6時間以上かかり仙台に到着した。猛吹雪の中、真夜中の街を私は一人、荷物を引きずってホテルに向かう。宿に着いた頃には深夜1時を回っていた。

翌朝になると雪はやんでいた。真っ白な雪景色の仙台市内は、ほとんどすべての列車やバスが運休していることもあってか、とても静かだった。ところがバスターミナルに行ってみると、「福島・相馬行き」という一路線だけが、なぜか奇跡的に動いていた。

まもなく発車するという7時台のそのバスに、私は急いで飛び乗った。仙台から相馬経由でバスを乗り継ぎ、南相馬に向かうことができたのだ。雪道を進むバスは徐行運転のため、南相馬に着いたのは、お昼近かった。

バス停のすぐそばにあるJR原ノ町駅前でレンタカーを借り、恐る恐る車道を走りだす。萱浜に向かう途中には、スリップして立ち往生する車や、道端の田んぼに転落して動けなくなった車が続出していた。福島の中でも浜通りでは、雪が積もることは滅多になく、経験したことのない大雪に街じゅうが混乱していた。

やっとの思いで萱浜の上野さんのお宅に到着すると、上野さんはリビングにいて、茨城から来ていた福興浜団の仲間と一緒だった。特に何かを話すわけでなくても、そばに誰かがいることで気が紛れているように見えた。

雪道が心配だから早めに帰るというその茨城の人を見送った後、上野さんと2人になる。私は上映会の話題を切り出した。

「静岡の上映会への参加は、やっぱりやめておきませんか?」

「うーん、そうだね。……やめておこうかな」

やっと本音が聞けて、正直少し安心した。

考えてみれば、これまで精神を正常に保てていることの方が、普通ではなかったのかもしれない。張り詰め続けていた糸が切れたような感じだった。

「俺、病院行こうかなと思って。心療内科。どうしたらいいのか、自分でも、全然わかんなくなってきた……」

私は耳を疑った。普段はどんなに体調が悪くても、絶対に病院には行かないと言い張るような上野さんが、覇気のない声で弱音を吐く。そこには、見たこともないような上野さんがいた。

「だからさ、俺フェイスブックも、もう全部やめたのね。みんなが普通なのは、それは当たり前なんだけど、その普通の日常が目に入るのも、辛くてさ」

上野さんは、この時すでにフェイスブックのアカウントを削除していた。上野さんにとっては、震災後につながったボランティア仲間との連絡手段だった。インターネット上のSNSには、仲間が自分たちの日常を書き込む。その〝普通〟を目の当たりにすると、上野さんは自分が失ったものを突きつけられるようで、耐え難かった。

「みんなは普通なんだよ。それは当たり前。そんなのはもう全然、自分の中では理解してるんだよ。だけど、そういうのを見るのも、辛くて。……うーん。なんでだか、いまはちょっと、それが受け入れられなくなっているというか」

頭では理解しているはずなのに、心が受け入れない。

「俺、家でずっとため息ばっかりついてるでしょ。ママもそれを見てて、辛くなった時があって。『これじゃダメだ』と思って。だから俺、なるべくママの前とか、倖吏生の前では、少し元気でいようとは思ってるのね。だけど、そうやってると、また辛かったりするっていうのもあるし。倖吏生にもちょっとね、声を荒らげてしまうとかね。そういうのが、すごく嫌で。だから病院行こうかなと思って」

さらに上野さんは、車であてもなくどこかへ行ってしまいたい、と口にした。東北の沿岸部を走ってみようかな、と言ったりもした。

「俺もねえ、最近自分がこんなふうになってから、たまたま知り合いに会ったんすよ。隣の地区の人で、奥さんとお袋と自分の子どもを亡くした人と会ってしゃべって。それで『最近、俺誰にも会いたくないんだ』って。『誰とも話したくないんだ』って言ったら、その人が、『あ、僕も前そうなってたことありました』って。ただそれが俺の場合、なんでこんなに、3年も経つ今になって来たのかなぁとも思うんだけど。今年に入ってからなのかな……」

映像を記録しているだけの私には、上野さんの苦しみを癒すことはできない。当事者でもない私は、完全には上野さんの心を理解することもできない。かける言葉が見つからないまま、それでも帰り際、私は上野さんに1枚のDVDを渡した。

DVDの中身は、前の年の夏、上野さんたちが追悼の花火を上げた時の映像を編集したものだった。15分ほどの短い映像だが、夕暮れ時の萱浜で、集まった仲間たちが楽しげに笑いあう様子が映っている。そこには穏やかで優しい時間が流れていた。

上野さんにはその時のことを思い出して、少しでも元気になってもらえたらと、用意していったものだった。「時間があれば、後で観てみてください」と伝えた。

「しっかし千晶ちゃん、今から移動かぁ。とんでもねえなぁ」

上野さんが、雪道のなか名古屋まで帰る私のことを心配してくれた。

こうして帰路についた私が、仙台行きの列車を夕暮れのホームで待っていた時だ。携帯電話に上野さんからメールが届いた。

《本当に苦しい時、俺のまわりには誰もいない》

そう書かれていた。

後日、私の渡したDVDについて、貴保さんからこんなことを言われた。

「パパはね、あの日、もらったDVDを観て、ちょっと元気になったみたい」

上野さんは私が帰った後、映像を観てくれていたのだ。そのことを、そっと私に教えてくれた貴保さんにも感謝した。

一人の死と心の回復

その一報は、上野さんと会った翌日のことだった。福興浜団のボランティアの一人からメールで連絡が来た。訃報だった。今回の大雪で、南相馬市に住む一人の男性が亡くなったという知らせだった。

「ヨガジー」と名乗るその60代の男性は、私にとっても顔見知りだった。リヤカーで旅をしながらホームレス生活を送っていた人で、1年ほど前には、上野さんの自宅の裏にテントを張って暮らしていたこともあった。旅の途中で震災が起き、「福島のために役に立ちたい」と、南相馬に辿り着いたのだという。仮設住宅や道の駅で無料のヨガ教室を開いたり、荒れた土地で花や野菜を育てていた。また、全国から集まるボランティアのためにテント村を運営したりもしていた。身なりは小ざっぱりとした甚平姿で、顎には真っ白なヒゲ。白髪の多い長髪は、いつも櫛で整えられていた。

かつてはインドでヨガの修業をしていたという。愛称の「ヨガジー」というのは、〝ヨガが得意なじいさん〟とか、インドの言葉で〝ヨガの先生〟とか、そんな意味のようだった。本名は、山城賢治（やましろけんじ）さんといった。2月10日に、上野さんはヨガジーの件で一本の電話を受けた。

「警察から電話が来て、『山城賢治さんてご存じですか?』っていうから、『はい』って言ってさ……」

上野さんは電話を切るなり、大慌てで家を飛び出した。警察が真っ先に上野さんのところに連絡してきたのは、ヨガジーの身の回りの品と一緒に出てきた連絡先が、上野さんの電話番号だったからだ。残雪の風景の中、親しい仲間の何人かに連絡をとりながら、一人車を飛ばしていた。行き先は、ヨガジーの寝床。上野さんの自宅がある萱浜からは、車で10分ほどの場所だ。

私が東京から新幹線で仙台にたどり着いた、あの大雪の晩。ヨガジーは、屋外のビニールハウスで寝泊まりしていた。南相馬市の原発20キロ圏内の住民が、居住できなくなっていた自宅のそばのビニールハウスに、厚意で住まわせてくれていたのだった。

上野さんはヨガジーのために、郵便物の受け取り先として自分の自宅の住所を使わせてあげていた。そんなこともあり、上野さんの自宅裏で暮らすのをやめた後も、2人はよく顔を合わせていた。ヨガジーは週に1、2度、早朝にふらりと上野さんを訪ねて来た。コーヒー片手に、いつも自分の活動のことを熱心に語っていたという。

「朝から2人で、どうでもいい話をしながら、ヨガジーがやりたいことを話してて。そしたら、『俺は、花咲かじじいになるんだ』って言ってたよ」

震災後の南相馬市を、花でいっぱいにしたいと、夢を語っていた。


上野さんが駆けつけると、ヨガジーが暮らしていたハウスでは、警察が遺体を雪の中から掘り起こしているところだった。それは間違いなく、自分のよく知っている顔だった。

「警察が、遺体を運び出す前に着いたから。『ヨガジー！』って呼んで、『何やってんだよぉ！』って言ってさ」

死因は、圧死だった。記録的な大雪は、不運にもビニールハウスごとヨガジーを押しつぶしたのだった。遺体が運ばれていくのを見送ると、上野さんは一人その場に残り、ハウスの周りに散らかっていた生活用品を片付けた。その時、後悔が頭をよぎっていた。

「圧死だから、苦しかったべなぁと思って……。俺も悔しかったなぁ。やっぱね、ヨガジーは俺のところに置いとくべきだった。でもヨガジーなりの気配りとか、そういうのがあって。『こんな汚ねぇじじいがいたら、迷惑だろう』って、自分で思ったんだろうけど。俺のとこにいればね、水道も電気もあって、別に気兼ねすることなかったんだから」

上野さんの自宅の裏に住んでいた時、たとえ凍えるような真冬でも、雨の降る夜でも、ヨガジーは決して上野さんの被災した自宅に入ろうとはしなかったという。そんな奥ゆかしい姿を見つける度に、上野さんは休憩所代わりにしていた被災家屋の室内に招き入れた。

上野さんのところを出て行ったのは、新しい自宅が建った時だ。貴保さんや倖吏生ちゃんに遠慮したようだった。

その後、亡骸は南相馬市内で火葬され、ささやかな葬儀が営まれた。東京に住んでいる親族も駆けつけてきた。そこには、ヨガ教室の生徒たちも大勢参列していた。

「ヨガの生徒がたくさん来てくれてたのが、俺すっごい嬉しくて。それを見て一人で泣いてた。『ヨガジーは、こんなにみんなに愛されてたんだ』っていうのがね、すごく嬉しかった」

その後、上野さんはヨガジーの亡くなったハウスのあった場所に、一人で何度も通い続けた。早朝、時にはヨガジーの好きだったお酒やタバコを持参して。そこでずっと、ヨガジーを想いながら話しかけていたのだという。

「ああ、『バカじじい』って言いに行ってただけだよ。『バーカじじい』って。そうすると、照れくさそうに頭をかいているヨガジーが、そこにいるような気がして。『いやぁ、迷惑かけちゃったなぁ』なんて、『いやいや、やっちゃったよぉ』みたいにね」

このヨガジーの一件以来、上野さんはなぜか驚くほど急激に元気を取り戻した。あの憔悴し切った姿は消え失せ、ふっきれたように、いつもと変わらない捜索活動に戻っていった。

「俺さ、ヨガジーと毎日しゃべってるうちに、『このままじゃ、ダメだよね』って思って。そう思ったら元気になっちゃった。今は、なんかすごく動きたくてしょうがない」

ヨガジーの死は、上野さんに、改めて生きる意味を見つめ直すチャンスをくれたのかもしれない。

それからしばらく経ったある日、まもなく2歳半になろうとしていた倖吏生ちゃんが、新しい自宅のリビングで、ポツリとこう言った。

「ヨガジーがすわってる。ヨガジーが、うちに来てるよ」

それを聞いた上野さんは、なんの違和感もなくこう呟いていたという。

「『そっかぁ! ヨガジー、来たかぁ!』って。俺は嬉しかったよ」

ヨガジーが亡くなってから3週間後の3月4日。上野さんはアカウントを削除していたSNSを再開した。新しいプロフィール写真には、倖吏生ちゃんのはにかんだ笑顔の写真を使っていた。

3時40分の黙祷

ウウウーーー！

2014年3月11日、午後2時46分。あの日から3度目のサイレンが、萱浜に響き渡る。私もその場で、カメラを回しながらこの音を聞いていた。たまたま縁のあった萱浜で、せめてこの瞬間は毎年ここに足を運び、心の中で手を合わせたいと考えるようになっていた。

自宅の玄関を出たところで、貴保さんが目を閉じ、黙祷を捧げている。足元には、辺りをキョロキョロ見回している倖吏生ちゃんのあどけない姿があった。上野さんは、被災した自宅の玄関先に座り、まっすぐに正面を見据えていた。黙祷はしていない。

1分間のサイレンが鳴り止み、萱浜には再び、いつもと変わらない静けさが訪れる。

「震災の時は、たしか職場にいたんですよね？」

黙祷を終えた貴保さんに向かって、そう切り出してみた。すると貴保さんは初めて、震災当日のことを私に話してくれた。カメラを向けるのは5か月ぶりのことだった。

震災が起きた時、貴保さんは南相馬市内の病院で看護師として勤務中だった。大きな揺れに見舞われた直後、自宅の様子が気になり、携帯や公衆電話から何度も何度も自宅に電話をかけたのだという。しかし地震直後の混乱で、1時間近く繋がることはなかった。そんな中、ようやく一度だけ、電話が繋がった。

「電話して、ちょうど電話が繋がったなぁって思ったら、『あー！』って聞こえて、電話が切れて。次にかけても、もう繋がらなくなっちゃったので。多分、ホントにそのタイミングで、ちょうど津波が来たんでしょうね。うん」

「それは、仕事場から？」

「仕事場から」

「声は、どなただったんですか？」

「出たのはお義母さん、ですね」

叫び声だけが聞こえて、切れてしまった電話。

「ちょうどその時は、携帯電話で繋がって。時間は3時40分でしたね。それで、死亡診断書も、死亡時刻は3時40分になりました」

それから夕方6時頃まで仕事を続けていた。電話が切れた後、貴保さんはどんな想いで仕事に戻っていたのだろう。どんなにか、自宅に駆け付けたかったことだろう。

そのような私の想像とは裏腹に、貴保さんの話す口調は淡々として、穏やかだった。

「その時は、仕事場を離れるわけにはいかなかったんですか？」

「うん。無理、ですよね。病院内の点検とかもあるし。問題ないかどうか確認したりしていて。そもそもね、職場は人が余っているわけではないので。やっぱり事務職なんかとは違うから、自宅へ様子を見に帰るってことは、できない職場でしたね」

その後、職場に迎えにやって来た夫と2人で市内の小学校の避難所などを回ったが、4人はどこにもいない。胸騒ぎが、確信にかわっていく。

貴保さんはその晩、南相馬市の自分の実家に身を寄せ、萱浜の自宅に戻れたのは、結局翌日以降のことだった。被災した自宅の2階で、荷物を整理していた時に、自宅の裏で永吏可ちゃんが発見されたのだった。その時のことは、貴保さんの気持ちを想うと、どうしても尋ねることができなかった。

代わりに、原発事故から避難して茨城に行った貴保さんが、どのようにして南相馬市に戻ったのか。そのいきさつを尋ねた。

「結局、3週間も避難しなかったかな? 2週間ちょっと、うん。17日間くらいかな。そんなに早く帰るんだったら結局ね、永吏可の火葬にね、ホントに間に合わせて帰りたかったんですけど。パパには、『妊娠してるんだし、来るな』って言われてたので」

「やっぱり、それはすごく心残りですか?」

「うーん、ねぇ……」

貴保さんは、ハッキリとは答えなかった。茨城の知人の中には、車で南相馬まで連れて行ってくれるという人もいた。しかし、帰らなかった。貴保さんは言葉を選びながら、複雑な気持ちを伝えようとしてくれた。その様子に、当時の葛藤の大きさが垣間見えてくる。

「でもね、もしも自分が、火葬する場にいたらいたで、どうかなって。ねぇ、ちょっとどうかなっていうふうにも思うから。火葬のボタンが押される瞬間とかね。ちょっとイメージができなくて……」

娘の火葬に立ち会うということは、現実を突きつけられることでもある。常に気丈で、感情をほとんど表に出さない貴保さんでも、実際にその場にいたら、どうなってしまうかわからなかったという。

しばらくすると、一度家の中に入っていた上野さんが表に出て来た。時刻はまもなく、3時40分だ。上野さんは被災した自宅の祭壇に歩み寄り、線香をあげ、短く手を合わせた。

貴保さんだけでなく上野さんにも、津波が3時40分に来たという根拠があった。

「津波の後、この辺で流されてた時計も、3時40分くらいでみんな止まってたの。43分だったり、45分だったり。だから大体そのぐらいの時間に、津波は来たんだろうなと思ってる」

地震の後、上野さんは午後3時過ぎには職場から自宅に戻り、家族の無事を確認している。だから、みんなが生きていた「2時46分」に黙祷するつもりはないという。「2時46分」という時刻は、上野さんにとっては、なんの意味も持ってはいない。

〈第４章〉天国の家族

（2014年４月―2015年３月）

真新しいランドセル

2014年4月。震災の年から数えて、東北にも4度目の春が来た。上野さんの自宅の庭先に、前の年に植えた4本の桜の木がある。この春、その木が花を付けた。細い枝先に3、4輪ずつ小さな花を咲かせていた。

この春を上野さん一家は特別な感情で迎えていた。いつものように自宅にお邪魔すると、亡くなった4人の遺影が並べられた祭壇に、濃紺の真新しいランドセルが置かれていた。一目で、倖太郎くんのためのランドセルだとわかった。祭壇のそばにやってきた上野さんが話してくれたのは、家族だけの大切なひと時のことだった。

「南相馬市では、今年の入学式が4月6日だったのかな。だからその前に買って、ここに置きました。それで、自分たちだけの入学式ってね。大体アレでしょ、小学校の入学式の時は、どこの家庭でもみんな、玄関で写真撮るでしょ? 永吏可の時もそうだったけど」

現在の自宅の軒先で、撮影された一枚の記念写真。そこには、貴保さんと倖吏生ちゃんが2人で写っている。撮影は上野さんだ。

「倖太郎の遺影を倖吏生が持って、カバンをママが持って、写真撮ったんだけどね」

自分たちだけの入学式。心の中で、成長した倖太郎くんの姿を想う

春の穏やかな日差しの中、倖太郎くんのランドセルを手にした貴保さんが、にこやかに微笑んでいる。隣の倖吏生ちゃんが、遺影を胸の前で抱いている。髪を、ふわふわとそよ風になびかせながら、満面の笑みで写っていた。もしもその場に、1年生になった倖太郎くんがいたとしても違和感のないほどに、幸せそうな雰囲気に包まれていた。

ところが上野さんは、こう言った。

「あれ、ママは泣いてたんだけどね。泣いてたの。倖吏生は、絶好調だったけどね」

家族の前でもめったに涙を見せない貴保さんが、泣いていたという。この写真の笑顔の裏で、実際にはどんな想いでランドセルを選び、行方不明の倖太郎くんのために買い求めたのだろう。考えるほどに、その写真はせつなく、私の心に訴えかけてくるようだった。

「倖太郎くんて、どういうお子さんだったんですか?」

祭壇の前で、ランドセルを見つめる上野さんに聞いてみた。

「もうね、走り回ってどうしようもないような子。家の鍵を閉めてても、自分で鍵を開けて出てしまうし、ずっと外で裸足で遊んでるような子だった。家の中にずっといるっていうことができなかった子。雨が降ってても、外で遊ぶのが大好き。親父やお袋と一緒にいたから、ずっと外だったでしょ?」

まだ幼稚園にあがる前の倖太郎くんのことは、農家だったおじいちゃん、おばあちゃんが仕事の傍らで面倒をみていた。

「畑の、そのそばで遊んでたような子だったから。3歳で、もう農作業用の一輪車を両手で摑んで押しながら走ってたよ。それがまた速いのよ、全力疾走」

姉の永吏可ちゃんとは、まったく性格が違っていたという。

「永吏可は、少し引っ込み思案でね、周りを見ているような子だったけど。倖太郎はその点ね、ホントに腕白な、昭和のガキって感じ。だから、近所の家の冷蔵庫から飲み物を持って来たりするの、俺の分まで。なかなか今の、現代には見ないような子だったね。倖太郎がイタズラするから、よく永吏可は怒ってたな」

懐かしそうに語る上野さんの表情からは、子どもたちのことが可愛くてしょうがなかったと痛いほど伝わって来る。

「当然、僕らも『もう倖太郎7歳だね』ってお祝いしたい気持ちはあるけど。でも、そこで泣いてしまうことも、当然あるからね。それをずっと繰り返してるというか。いろいろ考えるから、なかなか難しいね。泣いちゃうしさ。うん、悔しいしね」

我が子の成長を見届けられなかった悲しみと悔しさは、ことあるごとに蘇り、上野さんを苦しめるのだった。

有給休暇をやめろ

2014年の新年度の始まり。私は憂鬱な気持ちで名古屋の職場にいた。週末ごとに、個人的に福島へ足を運び続けてきたことに、勤め先の会社が思わぬ形で水を差してきたのだ。ある日、私が中京テレビの報道フロアを歩いていると、一人の上司からすれ違いざまにこんな言葉をかけられた。

「ああ笠井。悪いけど、もう有給取るのやめてくれる?」

唐突な言葉に、私はあっけに取られてしまった。報道番組のプロデューサーの男性上司だった。その月の勤務表を見た時に、たまたま私の休日日数が、他のスタッフよりも1日多かったことが目に留まったのだという。

実は、福島に通うために、土日の2連休だけではどうしても足りないことがあった。夜行バスを使っても、名古屋から南相馬までは片道13時間。往復とも夜行バスにして、現地で1泊したとしても、頑張って1日半しか動けない。さらに当時は、宮城県や岩手県など他の被災地域にも毎月通っていた。

そのため、年間10日与えられている法定の有給休暇を、時々土日の週末と合わせて、3連休として取らせてもらっていたのだ。

当時勤めていた中京テレビには、東北に通っていることも、チャリティで上映活動をしていることも黙っていた。それは、あくまでも私個人の活動であり、機材も交通費もすべて自腹で賄っていたからだ。会社の業務にも、一度だって迷惑をかけたことはなかった。

後日、別室に呼び出された時には、同じ上司からこんなふうに言われた。

「有給なんてものはな、親が死んだ時ぐらいにしか、取るもんじゃないんだよ」

有給取得の件は会議の場でも問題視され、結局、同僚たちにも知られるところとなった。中には、私に味方しようと動いてくれた人もいた。記者・ディレクターの専門職だった私に対する雇用契約は、中京テレビ本体ではなく、社内にある関連会社が行っていた。その関連会社の取締役として中京テレビから出向していた一人の上司に、こう声をかけられたのを、今でもよく覚えている。

「笠井さん、インターネット見たよ。活躍しているみたいだね」

私が福島に通い、上映会を開いていることをネットで知ったという。それ以上、事細かに事情を聞くわけでもなく、さりげなく「応援している」とだけ伝えてくれた。

この時の言葉はとてもありがたかった。

結局、有給を取るのは諦めざるを得なくなった。

こうした状況になっても尚、私は福島に通うことをやめようとは全く考えなかった。その代わり、もう一つの別の選択肢が心に芽生えたのは、多分この頃だったと思う。本業であるテレビの仕事を辞めて、福島を伝える自分の作品を完成させる。そういう時期に来ているのかもしれない、という想いだった。

そんな会社での瑣末なやり取りや人間関係の悩みも、いざ夜行バスに乗ってしまえば、どこかへ遠のいていく。金曜の夜に名古屋の栄バスターミナルを発ち、車内で過ごす夜は、心をリセットするのにちょうど良かった。私は常に疲れ果てていて、すぐに眠りに落ちる。

しかし福島で過ごし、仙台を発つ名古屋行きの帰りの夜行バスでは、なぜかいつもとても元気だった。月曜の朝には、名古屋のシンボル・テレビ塔がよく見える、いつもの場所でバスを降りる。街は静かだ。そして、また1週間が始まる。身体は疲れているはずなのに、私の心は晴れ晴れとしているのだった。

心からの笑顔

ゴールデンウィークを前に、再び萱浜に菜の花畑が現れた。前年よりも、かなり面積を増やしていた。上野さんの自宅の前の土地だけでなく、道を挟んだ向かいや斜め向かいの土地も花畑になっていた。こうした土地には、震災前は近所の家々が立ち並んでいた。それぞれの家の周りには、どこも畑があり、その畑だった場所に菜の花の種を蒔いたのだ。

「みんな亡くなってる人の畑です。今年はもう、いろんな人に聞いて。『やっていい？　やっていい？』って。そしたら近所の人はみんな、『いいよ』って。うん。すっごく、いいね。嬉しいじゃないすか、これね」

上野さんが、思わず顔をほころばせる。津波で流された集落に菜の花を咲かせたい、そんな申し出に、近所の人たちはみな賛同してくれたという。しかし上野さん以外の住民たちは、再びこの場所に暮らすことはない。集団移転などで、すでに他所に自宅を構えている。

前の年の秋。仲間と一緒に、亡くなった人たちへの想いを込めて、種は一粒ずつ手で蒔いた。厳しい冬の間は、肥料を与えながら成長を見守ってきた。

4月に入ると菜の花は一気に成長し始める。そのタイミングで今年は計画的に、2面の花畑に迷路を作った。迷路作りもまた手作業で、道になる部分の花を一本一本抜いていった。根元から綺麗に抜くのは、子どもたちがつまずいて怪我をしないようにとの配慮だった。

地面にしっかりと根を張る菜の花の株は、抜くのも一苦労だ。一日中作業を続けると、しまいには握力がなくなってくる。こうして手間暇かけて巨大な迷路が作られた。

連休に入ると、菜の花迷路は、上野さんも驚くほどたくさんの人で賑わった。一切宣伝などしなかった前の年とは違い、今年は市内の小学校などにチラシを配り、菜の花迷路の案内をしていたのだ。あちらこちらで絶え間なく子どもたちの歓声が響いている。

「人数を数えてるわけじゃないので、おおよそなんだけど。一日に200〜300人くらいは来てくれたかなと思います。嬉しいっすね。とにかく嬉しい」

「震災以降、こんなに萱浜に人が来たことはなかったですよね?」

「ないっすね。やはり花を見ると、ホントにみんな笑顔になるので。そういう笑顔を、天国にも届けたいし、天国の人たちを安心させてあげたいなと。『萱浜は、こういうふうになってるんだよ』っていうことも届けられたかなぁと思って。良かったなぁ。感謝だね」

満開の花畑は、土地を一面の眩しい黄色に染める。津波被災エリアから1キロほど内陸を走る国道6号線からも、その鮮やかな黄色がよく見えた。すると上野さんが一人のお年寄りに気付いた。

「あ、あのおじいちゃん、何度も来てるなぁ。ホントにおじいちゃんね、迷路をやるんじゃなくて、写真を撮りたくて来てるんだよね」

前の週に迷路の準備をしていた頃から、ずっと姿を見かけていたのだという。この日は奥さんを連れ、パイプ椅子まで持参していた。上野さんが、嬉しくてたまらないといった感じで、近づいていって声をかける。

「はい、こんにちは。どうも！」

すると、嬉しそうな返事が返ってきた。

「今朝もね、いいの撮ったよぉ。うん、すごくいい写真！　日の出も一緒にね」

ここは多くの人が亡くなった場所でもある。そのことをうかがい知ることができるのは、花畑の周りに、いくつもの手作りの祭壇が置かれているためだ。見える範囲だけでも、6つか7つ。ブロック塀などで囲まれた1メートル四方ほどの場所に、木製の小さな祠（ほこら）と線香を置く器がある。中には、自宅跡から見つかった遺品などが置かれている祭壇もあった。

「手を合わせて行く人もいますよね」

流された家々の跡地に作られた祭壇には、たくさんの花が供えられている

「そ、たくさんいるんだよね。それが嬉しいでしょ。知らない人が来て、お花を持ってきてくれたりして、手を合わせたりしてる光景を見るとね。やっぱり人間ていうのは、人は、あったかいんだなぁっていうふうに思えるよね。俺さ、笑ってればね、小さな争いごとなんてなくなるんじゃないかと思ってんだけど。笑顔があれば、争いごとはなくなるんじゃねえのかなぁ。そのぐらいね、笑顔って、力を持ってるんじゃないかと思うんだけど」

「特に、子どもたちが笑ってるのを見ると嬉しいですよね」

「そう。それだけで、もう満足なの。1人でも2人でもと思ってたのが、これだけたくさんの笑顔がある。それで、『ありがとう』って言ってね。来た人たちがただ普通に帰って行くんじゃなくて、『ありがとう』って言って帰って行くっていうのがね、もう泣けてくるじゃないって思って。嬉しくて。悲しくてじゃなくてね、嬉しくて泣けてくるじゃない」

出会ってからこれまでの中で、初めて、上野さんが心の底から笑顔になっていると感じた。一点の曇りもない笑顔だった。そんな上野さんの背後には、太陽の日差しを浴びて、倖太郎くんの形見の鯉のぼりが元気に泳いでいる。その光景のすべてを、風に揺れる菜の花たちが、優しく包んでいた。

大熊町を離れて

大熊町の住民の木村紀夫さんを、私が初めて長野県白馬村に訪ねたのは、南相馬市での菜の花畑のイベントの2週間前のことだった。木村さんは津波で家族3人を亡くし、そのうち次女の汐凪ちゃんは行方不明のままだ。震災後に、津波の難をのがれた長女を連れて、白馬村に移住していた。そして毎月のように福島に通っては、大熊町の海岸で汐凪ちゃんを捜し続けていた。2013年の秋以降は、南相馬の上野さんたちが、大熊町での木村さんの捜索活動を手伝うようになっていた。

JR長野駅前から白馬行きの高速バスに乗って1時間半。白馬村に入るとまもなく、雄大な北アルプスの山々が迫ってくる。3000メートル級の山頂付近には、うっすらと雪が残っていた。1998年の長野オリンピックの開催地だということもあってか、外国人の姿も多く、夏には登山客、冬にはスキー客で賑わう国際的なリゾート地だ。

白馬の駅前でしばらく待っていると、1台のワゴン車がやって来た。少し小柄で、にこやかな笑顔の男性が降りてくる。木村さんが迎えに来てくれたのだ。私にとってはこの時が木村さんとの初対面だった。車に乗り込むと、後部座席には愛犬のベルがいた。若いメスのドーベルマンだ。大熊町に住んでいた頃から飼っているベルは、木村さんの自宅が流された時、津波の中を生き延びていた。

木村さんは、地震が起きた時には職場にいた。大熊町の隣の富岡町にある養豚場だ。そこで耳に入った津波の第一報は、「高さ3メートル」ということだった。それなら自宅は大丈夫だろうと仕事を続けた。震災当日に初めて自宅に戻ったのは、夕方になってからだった。夕方5時頃だったか、木村さんは、まだ明るい時間帯だったと記憶している。そこで初めて津波に見舞われた自宅の惨状を目の当たりにした。

それからは、避難所で当時小学4年生だった長女と70代の母と再会したが、父と妻、そして次女の3人が行方不明であることを知る。そして暗がりの中、再び自宅のあった場所に戻った時のことだ。自宅裏の丘の上から走り出てきたのが、ベルだった。ずぶ濡れで怯えていて、最初は木村さんにさえも警戒心を露わにしていたという。

「波は被ってた。砂だらけで。ほんで、やっぱ興奮してるから、タッタッタッておりて来て、俺の前まで来て唸ってさ。ははは。その晩は本当に、ベルと一緒に捜してたなぁ」

暗闇の中、ベルを連れ、木村さんは3人を捜していた。

白馬村の中心部から木村さんの自宅へは、車で10分ほどの距離だ。ペンションや別荘が立ち並ぶ林の中で、一番奥にあるのが木村さんの自宅だった。震災後の移住先を探していた時、たまたま見つけた元ペンションの中古物件を購入したのだという。

自宅は大きな2階建てで、1階はリビングとキッチン、そして木村さんの寝室などがあり、2階には客室など5部屋があった。木村さんが一通り案内してくれる。階段を上がり、2階の突き当たりの部屋に入っていく。南側と東側の壁に大きな窓がある、とても日当たりの良い明るい部屋だった。窓の外には緑の林が広がっている。その部屋には、汐凪ちゃんとの思い出の品や写真がたくさん飾られていた。中には、汚れてシミになっている写真もあった。津波で流されていたものを自衛隊が回収し、それを木村さんが除染して持ち帰ったものだった。除染するには、写真を水洗いするのだという。

「除染しても線量がどうしても落ちなくて、持ち帰れなかった写真もあるんだよね」

写真以外にも、ひな人形や友達からの色紙、汐凪ちゃんが使っていた辞書や絵日記などが

木村紀夫さんの自宅の一室には汐凪ちゃんの遺品や思い出の写真が飾ってあった

並べられている。辞書は、汐凪ちゃんの担任の先生が、大熊町の小学校の教室から持ち出して届けてくれたものだった。部屋中に汐凪ちゃんの存在が溢れていた。

その後、1階のリビングに通された。慣れた様子で台所に立った木村さんが、淹れたてのコーヒーで迎えてくれた。

大熊町ですでに半年以上、木村さんの捜索を手伝っている上野さんから、木村さんのことは多少聞いていた。向かい合って座り一緒にコーヒーを飲みながら、木村さんは震災後に抱え続けてきた想いを聞かせてくれた。

「震災直後はねえ。まあ、いろんなことが重なって、暫く大熊には戻れなかったんだけど。そうですねぇ、強引に入ろうと思えば入れた時期はあったの、震災の年の4月21日まではね。

大熊町が『警戒区域』になる前までは、うん。そこでいろんなことが重なって、大熊に入ることはしなかったんだけど。その部分については非常にこう、後悔っていうんではないけど、あの、わだかまりっていうかねぇ。ずーっと抱えたままなんですね」

意外な言葉だった。大熊町といえば、事故を起こした福島第一原発の1〜4号機が立地している町だ。線量は非常に高く、戻れなかったとしても仕方ないような気がする。

2011年3月11日。福島第一原発の南約3キロの海岸沿いにあった木村さんの自宅は、津波で跡形もなく流された。自宅周辺では木村さんの妻・深雪さんと、父・王太朗さん、そして次女の汐凪ちゃんの3人の行方がわからなくなっていた。

翌朝7時頃には町内に避難指示が出され、その場を離れるかどうかの決断を迫られた。木村さんは、丘の上の小学校にいて津波の難を逃れた長女の舞雪（まゆ）ちゃん（当時10歳）と70代の母の巴（ともえ）さんを連れて福島を離れた。助かった家族を優先しなければと、とっさにそんな判断が働いたという。

車を走らせ、岡山県にある妻・深雪さんの実家を訪ね、長女と母を預けると、すぐに福島に戻った。そして行方のわからない3人を捜すため、避難所や遺体安置所を回った。

その時はまだ大熊町へも自由に入ることができたのだが、木村さんは入らなかった。

「どのぐらいの放射能があるかわからない中で、自分の車をあそこに入れて、また出て来るのは、ちょっとできねぇなって思ったのもあって。放射能をまき散らす可能性もあるし。ただ、どんな理由があるにしろ、入らなかったっていうのは事実なんで。やっぱ、その部分に対しては非常に後ろめたさがあるんですよ。どうしても、そこの部分の後悔っていうか、それがもう消えないっすねぇ」

津波で犠牲になった家族3人に対する後悔だ。津波の後、すぐに捜してやれなかったという後ろめたさは、いまも消えることがない。

震災からひと月半ほど経った4月末。まず王太朗さんが、自宅近くの田んぼで亡くなっているのが発見された。たまたま上空を通りかかった無人のヘリコプターのカメラに映って見つかったのだという。そして6月になり、すでに回収されていた遺体の一つが妻の深雪さんだったことが判明した。DNA型の照合の結果だった。しかし、汐凪ちゃんだけはどこにもいなかった。大熊町の住民で行方不明になっていたのは、汐凪ちゃん一人だ。人口1万1000人あまりの町で、地震・津波による犠牲者は12人だった。

「大熊町自体がね、やっぱ、津波の犠牲になった方が少ないじゃないですか。ねぇ。同じ遺族がいないんですよ、周りにね。だからこう、『一緒に闘うべ』って言える人がいないというか、言いづらい。大熊町では」

こうして、震災から2年が過ぎた2013年3月、木村さんは南相馬の上野さんを訪ねた。「自分と同じ、津波で家族を亡くした人と話したい」という気持ちだった。まもなく、上野さんは大熊町での捜索を手伝いたいと、木村さんに申し出たのだった。

しかし、木村さんは自分以外の人を被ばくさせるということに対し、非常に慎重だった。

「知り合いにね、『なんでそんな、ボランティアを入れてまで捜索って、それってやり過ぎじゃない？』みたいな話されたこともあるし。そこは、やっぱり原発なんすよ。ボランティアを被ばくさせてまで捜索をするっていうのは、いかがなもんか？っていう批判ですね」

確かに、大熊町の空間線量は高かった。捜索を始めた2013年頃には、木村さんの自宅があった熊川地区の線量は、1時間あたり、高い場所では17マイクロシーベルトほどもあったという。これは、自然界に存在する線量の100〜200倍にも相当する。

「町で唯一行方不明になっている汐凪だけのためにね、そうやって入ってもらうっていうのは、ホントに申し訳ない。もしかするとね、他に流れ着いている遺体がある可能性もあるけど。そうは言ってもね、普通のところじゃないんで。その部分はね、上野さんらを大熊に最初に連れてった頃かな、一時期すごい悩んでたけどね」

私自身は、この時はまだ大熊町には入っていなかった。上野さんから、「木村さんが女性や若い人を連れていきたがらない」と聞かされていたためだ。その裏にある複雑な想いを、ようやく少し理解できた気がした。

孤立する津波被災者

6月中旬。私は福島県の中通り、郡山市にいた。市の繁華街からは車で30分ほど山間に入った郊外の温泉施設に向かっていた。

そこで待ち合わせていたのは、木村さんだ。施設の中に入ると、「環境省　説明会場」と書かれた案内板が設置され、手書きで「中間貯蔵施設整備に関わる住民説明会」とあった。この日は施設内のホールで、福島第一原発が立地する大熊町と双葉町の住民を対象に、説明会が開かれることになっていた。

中間貯蔵施設とは、国が福島第一原発周辺の土地に建設を計画している施設で、放射能汚染された土地を除染した際に出る放射性廃棄物を、集約・保管するのが目的だという。計画では、第一原発が立地する双葉・大熊の2町にまたがる形で建設されるという。広さ1600ヘクタールという広大な敷地に、福島県全域の除染作業で出された、枯れ草や剝ぎ取った表土などの廃棄物が運び込まれる。その量は、東京ドーム15個分ほどにものぼるという。

「中間」という呼び方になっているのは、この施設が向こう30年間という一時的な保管場所であり、最終処分場ではないということを国が説明しているためだった。

木村さんの大熊町の自宅跡地も、この施設の建設用地に含まれていた。説明会場の前の方には、施設を管轄する環境省の他、復興庁や内閣府、資源エネルギー庁、それに福島県の担当者など役人30人ほどが、横一列にズラリと顔を揃えた。集まった200人ほどの住民を前に、深々と頭を下げる。環境省からは、計画の概要が説明された他、地権者である住民たちに対し、計画への理解と用地取得に向けての協力が求められた。

つづいて質疑の時間になると、会場のやや後ろよりの席に座っていた木村さんが、大きく手を挙げた。

「えー大熊町、熊川区の木村です。私自身、土地を売るとか貸すとか、全く今考えられないことで。というのは、津波で家族が流されて、今も一人見つからない状況で、捜し続けてますし、これからずっと捜していくつもりです。それで、あそこが私にとって一番3人と繋がれる場所なんですね。それを人に手渡すっていうのは、ちょっと考えられないんで。まず、そういうことに対しての対応とか配慮とかっていうのは、どう考えてるのか知りたいです」

環境省の担当者が、質問に答える。

「木村様、どうもありがとうございます。津波であの、ご家族様が犠牲になられたということで、その木村様とご家族が繋がる場だということで。まだまだそういう、心の問題と申し

環境省に対して発言する木村さん。津波被害のことを訴える人は他にはいない

ますか、そういうふうな整理も付かない状況だというお話、本当にあの、返す言葉もございません。……いま、そういうお話初めて、木村様のお話を初めて、直接聞かせて頂きまして、非常に、どう申していいかわからないというようなところが、正直なところです。いずれにしても、丁寧に一つ一つ積み上げながらご説明させて頂くしかないのかなと思っています」

木村さんの表情は険しく、役人たちの方をじっと睨むように見据えていた。環境省を相手に、さらに発言を続ける。

「もう私の気持ちは売らないって決まってるんですよ。いくら説明されても、何されても、売るつもりはないんで。中間貯蔵施設を作るっていうことに対しては、私自身、完全に反対ではないんです。それは仕方ないことかもしれないんですけど、ただそれを作るにあたって、国なり東電なりの誠意というものが全く感じられない」

環境省の担当者は、半ば開き直ったように返答する。

「まあ要望と申しますか、ご指摘と申しますか、なかなか誠意が感じられないという、ホントに厳しいご指摘でございます。そういう誠意がないと言われれば、お詫びするしかないと思っております」


説明会が終わり表に出ると、すっかり暗くなっていた。会場の入り口付近で、木村さんと少しだけ立ち話をした。この日の朝から、木村さんは大熊町に入り捜索をしていたという。その帰りに、説明会に立ち寄ったのだった。

「日中は大熊に行かれて、何か収穫はありましたか?」

「今日も結構見つかりました。遺留品が、うん。汐凪のジャンパーとかね、嫁さんのポロシャツとか。そうです。いっぱいありますよ。まだまだ出て来そうです」

大熊町の海岸では、瓦礫の中から亡くなった家族の遺品が見つかったという。木村さんが、この日初めて嬉しそうな表情を見せてくれた。

そういった活動風景を、いまの私は直接見ることが叶わない。線量の高い大熊町での捜索が、有志のボランティアの手で続けられていることを、本当は記録しておきたかった。そこで、思い切って尋ねてみた。

「あの、もし機会があれば、私も一度その場所を見に行ってみたいと」

「今、おいくつでしたっけ？」

「39です。今年40になります。……まあ、あの、もし良ければですけど」

「うーん、そうだねぇ。いま非常に悩んでます。その線引きについてはね。大熊に入りたいっていう人も、結構おるし」

「まあでも、私はホントにあくまでも、機会があれば一回は見ておきたいっていう気持ちではあるんですけど。でも、木村さんの意向に反してまでっていうつもりは全然ないですので」

「代わりに誰かにビデオカメラを託すとか。……ねぇ、悩ましいけど」

やはり木村さんの気持ちを考えたら、いますぐには難しそうだった。私は、これから運転して白馬まで帰るという木村さんを見送った。

辺りでは梅雨時期のカエルたちが、騒々しいほどに競い合って鳴いている。真っ暗な夜空を眺めていると、ほんの一瞬、雲の切れ間から大きな満月が顔を出した。怪しげに、白く輝く月だった。そして再び、あっというまに漆黒の雲の波間に消えていった。

天国の人に安心して欲しい

震災から4度目の夏。8月17日には、萱浜で追悼の花火が打ち上げられた。本来は前の週に予定されていたが、台風の影響で1週間延期になっていた。そのため、予定されていたライブ演奏はなくなってしまったが、それでも無事に開催を迎えることができた。

上野さんが、みんなの前で挨拶に立った。

「震災当時、ここではもう涙しかなかったんですが、みなさんにはこの花火を見ながら、今年も笑顔を届けて欲しいなぁと思ってます。えー、届けて欲しい相手は、津波で亡くなった方全員です。天国に届くような笑顔をよろしくお願いします」

今年もまた天国の人たちを想い、夜空を見上げる。

「それでは、カウントダウンを始めます。5・4・3・2・1！　スタート!!」

夜7時。上野さんの掛け声とともに花火の打ち上げが始まった。カエルやヒマワリ、アニメのキャラクターなど、子どもたちが喜びそうな形の花火が次々に夜空へと上がっていく。

震災の年からこうして花火を上げつづける上野さんだったが、年を経るごとに、その想いは少しずつ変わって来た。今年は、「もう僕らは大丈夫。だから、安心してください」と、亡くなった人たちに伝えたいという。

この年のはじめには、上野さん自身が精神的に随分落ち込み、辛い経験をした。そんな時期を経て、よりいっそう強くした想いは、やはり「笑顔」になるということだった。

すると、夜空に大きなニコニコマークが現れた。2つずつのスマイルが、何度も連続で現れては消えていく。その度に大きな歓声が上がった。

ラストを締めくくるスターマインが終わると、会場じゅうが温かい拍手に包まれた。

しかし上野さんたちは、もう一つのサプライズを用意していた。

花火が終わって家路につこうと、後ろを振り返った来場者たちの目に飛び込んできたものは、地面に描かれた巨大な地上絵のニコニコマークだった。直径20メートル以上はあるだろうか。地面に置かれた千個のキャンドルを灯して、描いたものだった。花火が打ち上げられている間に、上野さんが福興浜団の仲間と、こっそり準備したという。上野さんの思いつきだった。大きなスマイルの周りを、子どもたちがはしゃぎ駆け回っている。

その中に、倖吏生ちゃんを抱いた貴保さんの姿を見つけた。前の年の倖吏生ちゃんは、花火の間じゅうずっと寝てしまっていた。今年は、ちゃんと起きていてくれたようだ。その様子を貴保さんが教えてくれた。

「倖吏生は、花火の音が怖くてね。だから私が、『宇宙人だ！』って。『ちゃんと監視してないと、宇宙人が降りてくるよ』って言って、無理やりに見せました」

そう言って、貴保さんが笑う。いつか倖吏生ちゃんも、花火を打ち上げるお父さんの想いを知る時がくるのだろう。

暗闇に灯る千個のキャンドルが、子どもたちの笑顔を照らし出す。そして、夏の夜のひとときの余韻を残すように、いつまでも揺らめいていた。

親父とお袋

上野さんの朝は早い。たいていは暗いうちから一人起き出して、朝食前までに草刈りなどひと仕事する。震災直後から毎朝3時には起きて、夜明けとともに捜索に明け暮れていた習慣が体に染みついてしまったのだ。今では信じられないが、震災前は時間ギリギリまで寝ているような人だったという。

ある日のこと、いつものように、自宅の祭壇にあるみんなの遺影に向かって「おはよう」と挨拶した時だった。不思議な感覚にとらわれたという。

「ホントに怒ってる時があるんだよ。朝起きて、お線香あげる時に、『あ、怒ってる』って

居間からよく見える祭壇。父・喜久蔵さんと母・順子さんの遺影が並ぶ

思う時があるの」

遺影の中の両親の表情が、まるで怒っているように見えることがあるのだという。

「写真を見て思うんですか?」

「そう、写真を見て。親父とお袋の写真、怒ってるなぁって。うん」

もちろん写真の表情が変わるはずはない。上野さん自身の心境によって、そう見えるということだろう。

「何か、心当たりはあるんですか?」

「多分ね、『もっとシッカリしなさい』ってことを言ってるんだと思うんだよ、……って嫁さんは言ってる」

苦笑いしつつ、その言葉に上野さん自身が納得しているようだった。

「やっぱりいろいろ、言いたいことがあるんだろうなぁって思って。俺はダメな長男だから、親父とお袋にとっては」

「じゃあ、これからはいい長男で」

「どうかな。えっへへ」

自分は長男だから、いつか農業を手伝うこともあるだろうと考えていた。しかし、震災前の上野さんはすぐに跡を継ぐ気など、さらさらなかったという。

「両親が生きてた時にはさ、『ありがとう』の一言も言わないし。かと言って、親父とお袋を心配するわけでもなく、どちらかというと『農業なんて儲かんねえことやってて、何なんだ？』なんて思ってたけど」

内心、苦しい家計をバカにする気持ちがあったという。

「でもそのね、儲からない中で農業やって、土地を守り、あんなに立派な家を建てた親父とお袋はすごいなって、……今は、そう思うねぇ。すごいなって思う」

上野さんが、言葉を詰まらせた。目にはいっぱいに涙をためていた。

「自分が情けないなぁって思うな。そんなこともわかってあげられなかった。なあ、情けない息子だよ。親父は頑張ったんだなぁと思って。大したもんだと思う」

被災した自宅は、20年ほど前に父・喜久蔵さんが建てたものだった。2階建ての立派な日本家屋は、きっと自慢の我が家だったに違いない。

その年の喜久蔵さんの誕生日、上野さんがSNSにこんな投稿をしていた。

《今日は親父の誕生日。

今スゴく思う事がある。親父は家の為に、自分がやりたい事や好きな事をしてなかったんじゃないか。苦労ばかりの人生だったんじゃないか。

今親父を誇りに思う!》

いなくなってみて初めて、ありがたさが身にしみた。どちらかというと無口だったという喜久蔵さんが、真面目に働く背中を、きっと上野さんは思い出しているのだろう。

両親のことを話す上野さんの表情は、亡くなった子どもたちを想う時とは、少し違って見えた。震災以降は子どもたちを想うだけで精一杯だったのが、3年以上経ったいま、ようやく両親を想う言葉が出てきた。

親父たちが人生を捧げて守ってきた土地を、今はせめて自分が守っていく。いつしか上野さんは、そう心に決めていた。

子どもを捜したい、親の想い

お盆過ぎの8月後半のこと。上野さんが、南相馬市から高速を飛ばして、木村さんが暮らす白馬村にやってきた。いつもは大熊町で、一緒に捜索している木村さんを元気付けたくて、長野県まで訪ねて来たのだった。

夏の白馬は涼しく爽やかで、日差しに映える白樺の林の緑が美しかった。上野さんは木村さんと一緒に、自宅の庭先であずま屋を作る大工仕事を手伝う。疲れたら、木陰で麦茶を飲みながら一服する。2人は、和やかな雰囲気で談笑していた。

次女の汐凪ちゃんが行方不明になっていた木村さんは、何としても大熊町での捜索を続けたかった。2013年に上野さんが初めて木村さんの捜索に同行した時、そこには震災直後からすでに2年半以上、手つかずのまま忘れられたように、瓦礫が山積みにされていた。

「こんなのはホントに『おかしすぎる！』と思ったのでね。大熊に木村さんと一緒に入って、あの状況を見た時に、『すべてが間違ってる』と。瓦礫がそのままであったり、ここを木村さんがずっと一人で捜索してたのかと思うとね」

怒りを感じたという上野さんの話を聞きながら、私は大熊町の風景を想像する。

「ましてやね、木村さんは大熊にボランティアを入れることも躊躇してたでしょ？　そういう環境になってしまっている、この日本であったりね、その周りの状況がおかしいと。やはりね、あんなに困ってる人がいるのに、日本は何にもしないんだと思って。そのくせ、テレビとかでは『絆』だとか、『復興』だとかいう言葉がよく使われてたわけでしょ？　あまりにも、その差がありすぎて。なんか、おかしすぎると思って」

上野さんが疑問に感じたのは、「自分の子どもを捜したい」という、ただそれだけの願いを、なぜ後押ししてやれないのかということだった。その怒りの矛先は、国であり、周囲の人たちであり、メディアやすべての日本人に対してだった。

「そんなふうに上野さんが、おかしいと思うことに怒れるのは、昔からそういうタイプの人だったんですか?」

「いや、そんな俺は、全然もう、正義感のクソもなかったよ。まあ今でも正義感なんて、そんなにねぇけど」

「やっぱり震災以降ですか?」

「震災以降だね。やはり何ていうか、自分の置かれた状況とか、そういうので自分が変わっていったんだろうね。親戚からは、『敬幸は変わったな』って言われることはあるね。だって昔はホントに、ろくな息子じゃなかったよ」

震災を経験し、上野さんの価値観は大きく変わっていた。今は、おかしいと思ったことをおかしいと、まっすぐに語る。そして批判するだけでなく、自ら動くのも、上野さんのやり方だった。

ひと月と経たないうちに、上野さんは、今度は福興浜団の仲間に声をかけ、泊まりがけで木村さんのところを訪ねて来た。

「木村さん、こんにちは」

「よろしくお願いしまーす！」

東京や茨城などから10人ほどが、次々に到着する。

この日は土曜日で、長女の舞雪ちゃんも家にいた。震災の時は10歳で小学4年生だったのが、今では中学生になっていた。

日が暮れ始めた頃から、バーベキューが始まった。1階のリビングの外のテラスに出て、みんなで炭火をおこす。まもなく、肉や野菜が焼ける香ばしい匂いがしてきた。準備ができると、缶ビールを手にした上野さんがみんなに向かって語り始めた。

「えー、みなさん、今日はありがとうございます。ここで僕は、木村さんの話をすごく、みんなに聞いて欲しいと思いました。それから、木村さんと一緒に笑って欲しくて、今回ここに来ました。今夜は木村さんといろんな話をして、想いを少しでもわかってもらえればなぁと思います。乾杯っ！」

「カンパーイ!!」

ほの暗いランタンの明かりの中、お酒も入り、ほろ酔いになったみんなの笑い声が響く。

夏の終わりの白馬は、すでに肌寒い。それでも、心はほっと温かくなるような夜だった。

命名「倖吏生」

9月中旬。萱浜に吹く風も涼しさが増し、どことなく秋の気配が漂いはじめる頃。上野さんの自宅の前の敷地は、春の菜の花畑から一面のひまわり畑に変わっていた。どこか遠くから、コオロギの鳴く声が聞こえている。すでに満開のピークを過ぎたひまわりは、花びらを小さくしぼませて、少しうなだれるように首を斜めに傾けていた。そのうちの、まだ元気な何本かを上野さんが摘んで来て、被災した自宅の祭壇に供えた。4個のひまわりが並ぶと、まるで亡くなった4人が笑っているようだった。

福興浜団の活動が終わった後、ボランティアの仲間たちが上野さんの自宅のリビングに集まった。上野さんの次女・倖吏生ちゃんの誕生日を、みんなで祝おうという計画だった。用意したケーキの上のロウソクには、「3」という数字が入っていた。

「はっぴばーすでーちゅーゆー♪　さりいちゃん、おめでとう~♪」

主役の倖吏生ちゃんが、ひどく音程の外れた歌を元気いっぱいに披露した。みんなから笑いが起こる。

この日は9月15日で、本当は翌16日が誕生日だった。上野さんが、倖吏生ちゃんに尋ねる。

「倖吏生、何歳？」

「2しゃい！」

それを聞いた貴保さんが、がっかりしたようにつぶやく。

「3歳でしょ。もう3歳でいいよ。昨日も練習したのに、おかしいな……」

実際の誕生日は明日だから、今日は確かに2歳なのだ。

今度は私から、「明日は何歳になるの？」と尋ねてみた。

「うーん、3しゃい！」

小さな指を3本、目一杯開いて前に突き出した。震災の年に生まれた倖吏生ちゃんの年齢は、そのまま震災から経過した年数を表していた。そして、今年はついに兄の倖太郎くんの年齢にも追いついた。

燃えるロウソクの炎を見た途端、倖吏生ちゃんが怖がって逃げ出した。上野さんが無理やり抱きかかえて連れてくると、顔を両手で隠してしまった。

仕方なく倖吏生ちゃんを抱いたまま、上野さんが代わりにロウソクを吹き消す。

「おめでとう!!」

福興浜団のみんなに囲まれて、倖吏生ちゃんは、恥ずかしそうに顔をくしゃくしゃにしていた。

震災当時、倖吏生ちゃんは貴保さんのお腹の中にいた。妊娠4か月だった。この妊娠を誰より喜んでいたのは、長女の永吏可ちゃんだったという。「生まれてくるなら絶対に妹がいい」そう言って、楽しみに待っていた。当時はまだ、赤ちゃんの性別はわからなかった。そして半年後、永吏可ちゃんの願い通り妹を出産した貴保さんは、永吏可ちゃんのことを想わずにはいられなかった。

「『弟はいらない、妹が欲しい！』みたいな感じだったから。永吏可には、『念願叶って妹だったよ』って報告しましたね」

待ち望んでいた妹に会うことなく、永吏可ちゃんはこの世を去った。

出産には、上野さんも立ち会っていた。小さな命を自分の腕に抱いた時、無事に生まれて来てくれたことが本当に嬉しかったという。ただ、一緒に喜んでくれるはずだった家族は、もういない。寂しくて、とめどもなく涙が溢れた。

震災を越えて生まれてきたこの子には、お兄ちゃんお姉ちゃんから一文字ずつとって名前を付けようと、夫婦で話して決めていた。倖太郎くんの「倖」と永吏可ちゃんの「吏」を入れた、「さりい」という名前は貴保さんが考えた。

最後に、「倖吏生」の「生」という字を使いたいと言い出したのは、上野さんの方だった。画数も問題なかった。こうして決まった名前に、上野さんはこんな願いを託しているという。

「お姉ちゃんとお兄ちゃんの名前から一文字ずつ取って、それで『生きる』だからね。でも2人の分も生きて欲しいとか、別にそういうプレッシャーは、変なふうに与えるつもりはないよね。倖太郎と永吏可とは別に、倖吏生は倖吏生の人生があるでしょうから。ただ倖吏生は健康で、ただ生きて欲しい。とにかく生きていてさえくれればいい」

上野さん夫婦にとって、倖吏生ちゃんが、かけがえのない存在であることに変わりはない。しかし、その成長を目にする度、上野さんの心には複雑な感情が湧いてくる。

「倖吏生の成長はすごく嬉しい。だけどね、3歳だった倖太郎に、倖吏生はすぐ追いつく。追い越しちゃう。倖太郎の短かった人生が、ホントに3年間しか生きなかったのかと思うと申し訳なくてしょうがない。そして倖太郎に追いつくかと思えば、すぐお姉ちゃんにも追いつく。そうした時に、2人の短い人生を、改めて考えさせられるし。お姉ちゃんと倖太郎には、ホントに申し訳ないなぁって思ってしまう。助けてあげたかったなぁっていうのは、ずっと考えてしまうね」

亡くなった2人のことが、上野さんには、いつまでも悔やまれてならないのだった。

２人のアルバム

10月中旬のよく晴れた、ある週末。爽やかな風が吹きわたる萱浜に、重機の音が響く。上野さんが、父・喜久蔵さんの形見のトラクターに乗り、家の目の前の土地を耕耘していた。来春のためにと、上野さんたちはこの秋も菜の花の種蒔きをする。萱浜での菜の花畑作りも3年目を迎え、福興浜団の週末の活動として定着していた。この日も仲間10人ほどが集まり、一緒に作業をする。

手作業での種蒔きは、簡単なようでいて、実は相当な重労働だった。腰を屈めたまま、幅100メートルほどの畑に蒔いていくのだが、一列終わるたびに腰が悲鳴をあげる。

そこへ、お手伝いがしたいと言って、なぜかチリトリを持って走ってくる倖吏生ちゃんの姿が見えた。カメラを構える私を見つけ、こちらに駆け寄ってくる。

「いっしょにおさんぽしよう！」

貴保さんも、話し相手をしながら付いて来る。

「ちぃちゃんはお仕事なの」

「やだ！　ちぃちゃんとだよ。ちぃちゃんと行く！」

この頃には、倖吏生ちゃんは私のことを「ちぃちゃん」と呼んでくれるようになっていた。倖吏生ちゃんの散歩コースは、津波で流された集落の隣近所をひと回りすることだった。被災家屋の基礎はすでに撤去されていたが、ブロック塀の跡などは一部がまだ残されていた。ほとんどの家の跡地には小さな手作りの祭壇があり、そこで手を合わせるのが、倖吏生ちゃんの日課になっていた。

翌11月には、倖吏生ちゃんが七五三を迎えた。後日、自宅でその七五三の写真を見せてもらっていた時のことだ。写真の中の倖吏生ちゃんは、水色の着物やエメラルドグリーンのドレスに身をつつみ、カメラ目線ですましている。その写真を見た上野さんが言った。

「永吏可の時と、似てるような気がするな……」

貴保さんにお願いすると、震災前に撮った永吏可ちゃんの七五三の時の写真とアルバムを出してきてくれた。

永吏可ちゃんと倖吏生ちゃんはどちらも可愛らしいのだが、瓜二つというわけではなかった。すこし愛嬌のある倖吏生ちゃんに対して、永吏可ちゃんは端正な顔立ちの美少女だった。真っ白い肌とスッとした目鼻立ちは、お人形さんのようだ。

上野さんが、倖吏生ちゃんに写真を見せながら言った。

貴保さんが写真の汚れた部分を切り取り、作り直したアルバムの1ページ

「これはね、永吏可ちゃん！　永吏可おねえちゃんだよ。……こういうのとか、俺、すげえ倖吏生と似てるなぁって思ったんだよな」

　そう言いつつ、上野さんはアルバムのページをどんどんめくる。決して、一枚ずつの写真をじっくり見ようとはしない。

　すると今度は倖吏生ちゃんの方が、アルバムをめくり始めた。倖太郎くんと永吏可ちゃんの、普段の姿が並んでいた。2人が水遊びをしている写真を見つけると、ちょっと興奮気味に話し出した。

「わおー！　いひひひ。えりかちゃんと、こうちゃん！　こうちゃんが、ハダカんなってる！　プールんとこに行くから？」

　楽しそうにアルバムを見ている倖吏生ちゃんをよそに、上野さんがこんなことを言う。

「怖い怖い、俺怖いの。怖いんだよね、見るのが」

震災以降、上野さんは亡くなった子どもたちの写真を、しっかりと見ることができないのだという。生前の子どもたちの姿が蘇り、現実とのギャップに耐えられなくなる。それを聞いていた貴保さんが、ひとりごとのようにつぶやいた。

「いいじゃんね、見れるものがあるっていうだけでも。幸せなことだよ」

こうした上野家にある子どもたちのアルバムは、震災後に貴保さんが作り直したものだ。写真の多くは、津波で一度流されていた。捜索の合間に、上野さんが拾い集めて来たものだった。

いま倖吏生ちゃんが手にしているアルバムでは、元通り四角い形のままという写真が半分くらい。残りは、角の部分だけが丸くなっているものもあれば、写っている人物の周囲を丸く切り抜いたようなものもある。

貴保さんは、数十枚もの泥だらけの写真を丁寧に拭いて、シミになった部分をハサミで切り落とした。それらを、もう一度台紙に貼り直し、新しいアルバムを作ったのだ。だから当然、貴保さんは一枚一枚の写真をすべて確認していた。

「切ってある写真は、それ一枚しかなくて、他に同じ写真が残ってないんで。だから拾い集めたものを、切り取れる部分だけ切り取って、そこに貼ってます」

冷静に話す貴保さんだったが、どんな気持ちで一人、アルバムを作ったのだろう。永吏可ちゃんと倖太郎くん、それぞれのために1冊ずつ作られたアルバムは、ページをめくると2人の成長を辿ることができた。しかし、このページが増えることはない。

貴保さんの胸に秘められた悲しみを、また一つ垣間見たような気がした。

15年のテレビ人生

日曜日の夜9時半に仙台を発った夜行バスは、明け方になると、遮光カーテンの隙間から車内に薄明かりが漏れ始める。朝5時前後には、決まって岐阜の恵那峡(えなきょう)サービスエリアでトイレ休憩がある。バスが停車すると、車内の乗客たちが一斉に目を覚まし、動き始める。朝が弱い私は、このタイミングを寝過ごしてしまわないよう、いつも気をつけている。目的地の名古屋・栄に到着するのは6時40分だ。

長旅を終え、降り立つ早朝の街はいつも、一日が始まる前の静けさに包まれている。私を乗せて来たバスが去った後、公園脇の路上からは、目の前に大きなテレビ塔が見える。月曜の朝に、こうして名古屋に戻ったことを実感する。夜行バスでの東北と名古屋間の移動も、この頃には行き帰りで100回を超えていた。

大荷物を抱え、いつもそこから一番近い階段を降りて、地下鉄の駅に向かう。始発が動き始めたばかりの地下鉄に揺られ自宅に戻り、シャワーを浴びてから、午前9時には出勤するため家を出なければならない。そして何事もなかったようにテレビ局での日常に戻り、1週間が始まる。

11月末のこの日、私は中京テレビの報道フロアで翌月の勤務表を手にしていた。勤務表の中の私の名前の列だけが、空白になっていた。翌12月からは、報道部員としてのシフトを外れることになったのだ。

会社に初めて退社の意思を伝えたのは、この年の8月だった。強く慰留してもらったが、話し合いの結果、年明けの1月末には正式に契約を終了することになった。上司の中には、私が福島で撮影した映像を、テレビを通して世に問うたらどうだろうか、と言ってくれる人もいた。

しかし、私の想いは違った。私が回すカメラの前で話をしてくれた人たちは、テレビというメディアに取材を許してくれたわけではない。個人の活動として受け入れてもらってきた以上、そこをあいまいにしてはいけないと感じていた。自分個人の作品として、福島で撮りためた映像をドキュメンタリー映画にしようと考えていた。映画を一人で制作するには、仕事を辞めて時間を作る以外、他に方法はないと思った。

会社を辞める理由として、この時の私には「映画を完成させる」という目標以外、再就職のアテなど何もなかった。20代から計15年余りのテレビ局勤務を、ひと区切りさせる。なぜか不安は感じなかった。やるべきことが目の前にある、ということが私の全てだった。そして契約終了を待つことなく、年末には名古屋から静岡県に引っ越した。年明け以降はしばらく、残務のために静岡から名古屋に通うことにした。

その後、南相馬を訪ねた時、「会社を辞めることになった」と上野さんにも報告した。

「辞めるって聞いて、心配になったよね。うん。生活が大丈夫なのかってね。でもなんかね、いろいろやりたいことがあるんだろうなぁとは思ったよ」

経済的なことが最も気がかりだったという。上野さんとしては、できれば私が福島で撮っている映像や上映活動が、そのまま仕事として成り立つといいのに、とも思ってくれていたようだった。

「帰還困難区域」に光を

年の瀬も押し迫った頃、私は再び南相馬にいた。上野さんに見せて欲しいものがあって、敢えて日の出前のまだ暗いうちに、萱浜の自宅を訪ねた。

この日も、大熊町に向かうことにしていた上野さんが、密かに準備していたものがある。暗がりの部屋に入ると、光るものが見えた。それは、持ち運びできる大きさのイルミネーションだった。40センチ四方くらいの金属製の枠の中に、文字が浮かび上がっている。

一つは、「笑」という文字。隣にはニコニコマークもある。もう一つは、大熊町で行方不明になっている木村汐凪ちゃんの名前から取った、「汐」という文字だ。二つを並べると「汐笑(ゆうしょう)」という言葉になる。それは、木村さんが捜索活動をする際の団体名でもあった。この金属製の枠はバーベキュー用の金網だ。その網目に小さな電飾を並べて固定し、文字を描いている。

木村さんへのサプライズプレゼントにしようと、福興浜団の仲間で作ったものだった。木村さんの自宅跡が残る「帰還困難区域」の熊川地区に掲げよう、という計画だった。

電飾には、ソーラーで蓄電して光るLED電球を選んだ。なぜなら、「帰還困難区域」の大熊町には、電気が通っていない。特に熊川地区は津波で大きな被害を受け、電柱もなぎ倒されたままだ。ソーラーなら昼間のうちに充電し、暗くなると自然に点灯する。数人がかりであれこれと言いながら、ようやく完成させた力作だった。

「これに達するまでに、電球を付けたり外したり、付けたり外したりしてたよ。『笑』の文字はさ、もう竹冠の部分を3回ぐれえやり直したかな。最初は電球をたくさん使い過ぎて、

大熊町での捜索に向かう上野さんたちをバリケードで見送る

電球が足りなくなって、ダメだって一回外して。代わりに違う種類のを買って来たから、そっちでやろうって言ってたのに、間違えて元の電球を付けちゃって、もう一回外してみたり。余計なことばっかりやってた」

思い出しながら、上野さんが可笑しそうに笑っていた。

いつのまにか外では朝日が昇っていた。表に出ると、鳥たちがさえずり始めていて、萱浜から望む水平線が眩しく輝いている。準備したイルミネーションを、上野さんが大事そうに車の後部座席に積む。そして木村さんとの待ち合わせ場所の広野町へと出発した。

その先は、2台の車に相乗りして大熊町へ向かう。私は例によって、一人だけ別の車でみんなの後を追う。そして大熊町内に入り、国道脇に設置された検問所の前でみんなを見送った。実はこの3か月前から、大熊町内を含む、福島第一原発周辺の国道6号線は、通行規制が解除されていた。そのため、許可証のない私でも、国道6号線沿いの大熊町までは、木村さんの車の後について走ることができるようになっていた。

バリケードの向こう側、「帰還困難区域」に指定されている大熊町では、宿泊は許可されていない。木村さんのように「一時帰宅」で立ち入りした住民たちも、夕方4時までにはエリアの外に出なければならない決まりになっていた。日が短い冬場とはいえ、その時間ではまだ明るく、点灯したイルミネーションを見ることはできない。上野さんたちは、そもそも見られないと承知の上で、設置するつもりだった。

「俺らも見ることができない。でも、いいじゃんね。俺らが見れなくても。別にそれはそれで、いいかなと思って。大熊町は、日が暮れたら電気がないからね。真っ暗で何の明かりもないから、そこだけが多分光ってるだろうね」

今回、私から上野さんたちには、防犯用などとして市販されている小型カメラを託していた。イルミネーションの近くにカメラを固定して、そのまま置いてきてもらうようお願いしていた。夜間の撮影をするためだった。

小型カメラに映っていた誰もいない大熊町で輝くイルミネーション

後日、再び大熊町に入った上野さんに、カメラを回収してきてもらった。それを私は自宅に持ち帰り、まず一人で中身を確認した。映像にはイルミネーションの全景が、画角の中に程よく収まっていた。そこに映る黄昏時（たそがれどき）の空が、ほの暗いブルーに変わっていく。まもなく、その瞬間を迎えようとしていた。

あたりが暗闇に包まれていくのと、まるで逆行するように、一つ、また一つと明かりが点灯し始めた。一斉に灯るわけではなく、見ている人をわざと焦らすように点灯していく。

最初に姿を現したのは、「汐」の文字だった。一本一本の線が、時間差で灯っていく。続いて、「笑」の文字が現れはじめる。部分部分が少しずつ灯り、ようやく一つの文字になる。そんな様子がむしろ、私の心に、じんわりとした感動を呼び起こす。

そして何度か点滅しながら、最後にはニコニコマークの笑顔のサインが現れた。赤、青、緑、白といった色彩たちが、互い違いに点いたり消えたりを繰り返す。クリスマスの電飾のような雰囲気は、そこが「帰還困難区域」であることを忘れさせるようだった。

映像にはイルミネーションの周辺しか映っていないが、実際には、町全体が明かり一つない暗闇に包まれている。人の気配もまったくしない。目の前の海からは波音が響き、ゆりかごのようなリズムを繰り返す。

そこは、年間の積算被ばく量が50ミリシーベルトを超える高濃度の放射能汚染地域だ。そんな場所に、たった一つだけ、イルミネーションが灯されているのだ。

私はこの映像を編集し、汐凪ちゃんの写真などを交えた8分ほどの短編作品として、翌年のチャリティ上映会の場で披露した。

その上映の時、私の隣には木村さんがいた。しばらく映像を見ていた私は、ふと視線を木村さんに向けた。すると目の前の木村さんは、まっすぐに映像を見つめ、人目もはばからず泣いていた。声は押し殺していたが、頰を伝う幾筋もの涙を拭おうともせず、流れるままに涙していたのだった。

木村さんにイルミネーションを贈った上野さんは言う。

「俺はね、汐凪ちゃんのために設置してあげたかったの。だって、あそこに一人っきりなわけでしょ。きっと寂しいだろうなと思ってさ。だからあれは、天国の汐凪ちゃんのためなの。木村さんのためじゃなくてね」

はにかんだように笑う上野さんだが、この言葉を、木村さんは心から喜んでいた。木村さんにとっては、娘を想ってくれる気持ちが何より嬉しかった。

倖吏生ちゃんの質問

年が明けた2015年1月。この日も、福島の浜通りは本当に寒い一日だった。空は青く晴れ渡っていたが、凍えるように冷たい風が吹きつける。海は、泡立つような白波を立てながら、海岸に打ち寄せていた。午後3時半すぎ、大熊町での捜索を終えた福興浜団の人たちと広野町で合流し、一緒に南相馬に戻る途中でのことだった。路上はうっすらと雪に覆われていたが、すでに天気は回復し、車窓からは左手の山際に美しい夕日が見えていた。上野さんの運転する車で、私は助手席に乗っていた。

この日は1月17日、阪神淡路大震災が発生した日だった。その話題は、最初は私の方から切り出した。

「今日、阪神淡路から20年だったんですねぇ」

「そう。20年だったんだよね」

上野さんも気にして、朝のテレビでニュースを見ていたという。そして、こう言った。

「もう20年。それでもまだ、行方不明の人が3人いるんだってね」

すると突然、車の外では嵐のように渦巻く風に乗って雪が舞い始め、あっという間に本降りになった。走る車のフロントガラスには、雪が真正面から吹き付けてくる。不安定な天気だ。上野さんが話を続ける。

「ね、まだ20年経っても、変わらない気持ちのままっていう人も、あそこにはいるんだろうからね」

福島で東日本大震災から20年が経った時、上野さんはどうしているだろうか。家族を失った喪失感や悲しみは、やはり癒えることなく続いているのだろうか。世間の関心は薄れ、東北の震災は遠い過去の出来事になっているかもしれない。そう言う私自身は、まだ福島に足を運んでいるだろうか。いろいろな想いが頭をよぎったが、結局、私は当たり障りのない返答をしていた。

「あっという間に過ぎて、20年になるのかもしれませんねぇ」

「そうだと思うよ。倖吏生の成人式も終わってるよ。20年か。俺も60近いからねぇ。どうなんだべな？　なんて、思ってるけどさ。俺まだ生きてんのかなぁ」

東日本大震災から、まもなく4年になろうとしている。世間では震災を語る時、「風化」という言葉が付きまとう。「忘れない、風化させない」という活動が、常に良いことだという空気がある。しかし上野さんは、「風化」を否定しない。

「俺の中で、『忘れないで』っていう気持ちは正直ないんだよね。風化するのはしょうがないことだと思ってるし。むしろ悲しい記憶なんか、とっとと忘れてもらって構わないと思ってる。だけど、風化する前に、福島で起こったことは、まだ知られてさえいない。だから『忘れない』と言う前に、まず本当の福島のことを知ってもらいたいよね」

上野さんの言う、「本当の福島」というのは、原発事故後の津波被災地域がどんな状況に見舞われたのか、ということだ。それが、上野さんが自分自身の目で見た福島の姿だ。

震災の記憶は、発生した当時を知る人にとっては、薄れていくものかもしれない。しかし、震災後に生まれ、震災の記憶がない倖吏生ちゃんにとっては、どうなのだろう。記憶がないのだから、当然、薄れることもない。その代わり倖吏生ちゃんは、今まさに震災の記憶を獲得している最中なのだった。

貴保さんは、最近になって倖吏生ちゃんの中に、「知りたい」という欲求が芽生えてきたという。ある日、こんな質問をされたと打ち明けてくれた。

『なんで死んじゃったの?』とかって、聞いてきたりはする」

亡くなった家族4人のことだ。

「倖吏生ちゃんが、そういうふうに?」

「うん。そういう時、私からは普通に、『海から大きな波がやって来て、そのままザバーンって、海に連れて行かれちゃったんだよ』って。『それでね、おじいちゃんも、おばあちゃんも、永吏可ちゃんも、倖ちゃんも、天国に行っちゃったんだよ』って。そしたら、『ふーん』みたいな感じでは、聞いていたけどね」

倖吏生ちゃんにとって、震災を知ろうとすることは、家族の死の理由を問うことだ。こうして少しずつ、現実を見つめていくのだろう。

境界線を越えて

上野さんが大熊町に出かけていくようになって、1年4か月が過ぎた。ここへ来て、私にも、初めて大熊町に同行する機会が訪れた。

木村さんたっての希望で、大熊町の「帰還困難区域」を見学するツアーを企画したのだ。木村さん自身が参加者たちを案内し、自宅があった熊川地区の現状を、実際に自分たちの目で見てもらいたいのだという。

迎えた2月28日当日。参加者の中には20代の若者や女性もいた。ボランティアとして大熊へ手伝いに来てくれる人について、これまで木村さんは被ばくのリスクを心配してきた。

「もう、今回は任せました。参加する人たち自身にね」

参加者を募集するチラシには、こんな言葉を入れていた。

《平均10マイクロシーベルト／時に近い放射線量のある地区へ入ります。短時間とはいえ通常より高い放射線を浴びることになります。以上を考慮した上で、ご検討ください》

とはいえ、限られた時間内であれば、被ばくはそこまで深刻なものではないだろうという判断も木村さんの背中を押した。私も参加者の一人として、初めて大熊町に入ることになった。木村さんが納得して同行を認めてくれるのなら、私が参加をためらう理由はなかった。

こうして、メディアの取材陣も含め総勢約40名の参加者でツアーが開催されたのだった。

まず大熊町の中でも、「帰還困難区域」には含まれていない、比較的線量の低い大川原地区にあるスクリーニング場に向かう。そこで私たちは防護服を着込む。防護服といっても、不織布製のごく薄い素材でマスクもコンビニに売っているものと変わらない。正直気休め程度の簡易的な装備だ。首からは線量計をさげて、再び車に乗り込む。そこから先、参加者たちは何台もの車に分乗して、熊川地区に向かった。

東の方角に5分も走ると、国道6号線沿いの三角屋という交差点に出た。集落から国道沿いへと出入りする脇道の入り口付近には、「帰還困難区域」の立ち入り許可証を確認するための検問所が置かれている。この三角屋の検問所は、いままで私が、「帰還困難区域」に向かう木村さんたちを見送ってきた場所だ。折りたたみ式のゲートがあり、道を封鎖することもできるようになっていた。

立ち入り許可証の確認はごく簡単で、1分ほどで済むとゲートが開かれる。車は、静かにその境界線を通過した。

不思議なものだ。何の変哲もない空間が、こうして世界を分断しているのだから。一度そのラインを越えてみると何てことはない。外から見送っていた時には、遠い場所に思えたはずが、いとも簡単に入れたような気さえしてくる。国が設定した避難指示区域は、地図上に線は引けても、実際にそこに壁が存在しているわけではない。

「帰還困難区域」の中へ入ると、道沿いに連なる住宅は、どこも雑草が伸び放題で、人の手が入っていない痛々しい姿をさらしていた。まもなく、右手に体育館が見えてくる。

「ここが熊町小学校ですね。それで汐凪ちゃんが最後にいた児童館が、あそこです」

運転していた大熊町の女性は、長年地元で幼稚園の先生をしていたという。小学校と、道を挟んだ向かいが児童館だと教えてくれた。熊町小学校を過ぎると、なだらかな起伏の坂道

木村さんの自宅に飾られた次女・汐凪ちゃんと妻・深雪さんの遺影

を下る。すると視界が開け、目の前には海まで続く川沿いの低地が広がっていた。一面が、枯れ草に覆われている。あの日、汐凪ちゃんも、この坂を王太朗さんの運転する車で下ったはずだった。

2011年3月11日午後2時46分。地震が起きた後、小学校には子どもたちがしばらく待機していた。小学4年生だった木村さんの長女の舞雪ちゃんもそこにいた。

1年生だった妹の汐凪ちゃんは、少し早く授業が終わっていたため、すでに学校を出て児童館の方にいた。そこへ、おじいちゃんが車で迎えに来たという。木村さんの父・王太朗さんだ。車は汐凪ちゃんを乗せ、まもなく津波にのまれることになる自宅へと向かったのだった。

一方、地震が起きた時、木村さんの妻の深雪さんは、大熊町の内陸にある職場の学校給食センターにいた。まもなく、沿岸部の熊川地区にある自宅に向かって車を走らせる。自宅の室内に繋いだままになっていた愛犬ベルのことが気がかりで、様子を見に戻ったのだった。午後3時頃、深雪さんは岡山の実家の父親と携帯電話で話していた。「ベルを連れ出しに戻る」そう言っていたという。

深雪さんの職場から自宅までは約6キロ、車なら10分ほどの距離だ。福島沿岸部を津波が襲ったのが3時40分頃だったことを考えると、深雪さんは津波が来る前に自宅に着いていた可能性が高い。そして、おそらくベルを自宅から連れ出そうとした後、津波にのまれたのだった。その証拠に、生き残ったベルの首には散歩用のリードがつけられていた。

その後、深雪さんの遺体は4月10日に、福島県いわき市の海上で漂流しているところを発見された。6月1日になって、ようやくその遺体のDNA型が深雪さんのものと一致することが判明した。深雪さんとは別に、祖父の王太朗さんと一緒に車で自宅に帰った汐凪ちゃんだが、もしも自宅で深雪さんと一緒になっていたとしたら、深雪さんと同じく海に流された可能性もあるだろう。

「あちらの橋のかかっているところ、あれが熊川なんですよ。そして、この辺まで津波が来たということですね」

私たちの乗った車を運転する、同じ大熊町の女性が説明してくれた。津波は熊川を遡上し、海岸から1キロほど内陸まで到達していた。学校や児童館は少し高い丘の上にあったため、津波の影響を受けなかった。汐凪ちゃんは、そのまま児童館にいさえすれば命を落とすことはなかったのだ。

第一原発から3キロの町で

まもなく、木村さんの自宅より手前で、ツアーの参加者たちは車から降ろされた。そこは熊川地区の公民館だった。周囲には、津波で被災した家が数軒、津波直後の状態のまま無残な姿で遺されていた。道路脇に設置されたモニタリングの線量計は、1時間あたりの空間線量を2・3マイクロシーベルトと表示していた。それでも、海に近いこの辺りは比較的線量が低く、小学校がある丘の上と比べると3分の1ほどだった。

一行は、先導する木村さんに続き、集落内を歩いて進む。一面は枯れ草に覆われ、津波で枝を落とされ傾いた木々が、まばらに残されている。荒野のごとく荒れ果てた津波被災地の中を、真っ白な防護服に身を包んだ集団がぞろぞろと移動していく様は、異様な光景だった。

海の方に目をやると、ズタズタになった堤防のコンクリートが転がっているのが見えた。この辺りは、かつては海水浴場だった。当時の賑やかな様子などを想像し、目の前の風景に重ねようとするが、なかなかできるものではない。

まもなく、木村さんの自宅があった場所が見えてきた。

「そこが、俺の家なんですけど。3軒並んでて。真ん中が俺の家だったんです」

「あの、基礎が残ってるところですか？」

「うん、それが俺の家です」

そこには、家は跡形もなく、基礎だけが遺されていた。室内の間取りを示すコンクリートの基礎の上には、床板を貼った名残の木材が残されていた。南西の角には、かろうじて玄関だとわかる、ベージュのタイル貼りの一角があった。津波の日の朝も、汐凪ちゃんは「行ってきます」と言って、この玄関から元気に登校して行ったのだろう。

自宅跡の裏には小さな丘がある。そこに亡くなった3人を弔うための石碑と小さなお地蔵さんが建てられていた。ピンクや黄色など明るい色の花が供えられ、真っ赤なポインセチアとクリスマスツリーの置物などもある。木村さんがそこで、短く手を合わせた。

この石碑とお地蔵さんは、2013年の夏に木村さんが知人たちと一緒に建てたものだった。石碑には亡くなった3人の名前と、「ずっとあなたたちと共に」という想いを刻んでいる。その隣では、丸くて小さなお地蔵さんが、にっこりと微笑んでいる。行方不明の汐凪ちゃんが一人で寂しくないようにと、建てたものだという。

メディアの取材陣も参加したツアーで大熊町の「帰還困難区域」を案内する木村さん

丘からは、木村さんの自宅周辺や熊川の河口など南の方角が見渡せた。左手には、海が広がっている。この場所で木村さんは、震災以降自分の身の上に起きたことを話し始めた。

「私の父親は震災の年の4月の29日に、多分そこの田んぼの真ん中あたりで見つかりました。俺も震災の次の日の朝まで捜してたんですけど、そこの田んぼは全部水没しちゃってて、目視では全然わからない状況でした。それでも消防団の方がね、『声がした』って言ってます。だけど震災の次の日には、みんな原発事故のために避難となって捜すことができなくなっちゃったもんで。仮に、3月12日の朝にもしかして親父にまだ息があったとすると、自分としては、救えなかったのは原発事故を起こした東電の責任だと思ってます。そんで親父は、たまたま通った無人のヘリコプターのカメラに映って発見されたんですけど。発見されるまでは、ここで野ざらしでした」

父・王太朗さんの遺体は、誰もいなくなった集落に置き去りにされていた。原発事故による避難さえなければ、救助できた可能性もあったのだという。命がないがしろにされた、そんな出来事が目の前のこの場所で起こったという事実に、私は言葉もなかった。

熊川の河口にも近い海岸まで出ると、上野さんたち福興浜団の仲間がすでに捜索活動をしていた。目の前には瓦礫がある。実際に自分の目で見て、その量に驚いた。大人の背丈の何倍もある瓦礫の山が幾重にも連なり、砂浜の一部を埋め尽くしていた。「一生かかっても終わらない」と木村さんたちが言っていた意味が、よく理解できた。震災の年に自衛隊が重機で積み上げたまま、放置されてきたものだという。

捜索はすべて手作業だ。「帰還困難区域」の外から重機を入れようとしても、許可が下りないということが大きかった。

こうして、いつも通りに瓦礫の捜索をしているところを、木村さんは参加者に見せたかった。私も実際に目の当たりにして、それがいかに先の見えない作業なのかということを初めて実感できた。ここで木村さんは、上野さんと2人で並んで、参加者たちに話をした。

自宅跡を見下ろす丘の上に木村さんが建てた石碑とお地蔵さん

「基本的には、もうここで行方不明者は汐凪一人です。そのために手伝いに入ってもらうのはホントに申し訳ない。だからボランティアの方にお願いするのを、どうしても悩んでたんですけど、上野さんが、『そんなことで悩ませる世の中の方がオカシイ』って言ってくれて」

この頃は、年間15回、1回につき5時間という制限の中で、木村さんは「一時帰宅」という名目で大熊町に入り捜索を続けていた。

この「帰還困難区域」の瓦礫の扱いについては、このツアーの少し後に、国会で行われた衆議院の東日本大震災復興特別委員会でも質問が出ていた。

「平成27年度4月2日」と書かれた議事録の中に、こんなやり取りがある。質問者は、福島選出の議員だった。

「帰還困難区域の沿岸部の瓦礫処理を、どのように今後進めるのか」

すると、当時の環境大臣政務官が答弁した。

「帰還困難区域における災害廃棄物などの処理方針については、放射線量の見通し、今後の住民の方々の帰還意向、将来の産業ビジョンや復興の姿などを踏まえ、検討することとしております」

要するに「帰還困難区域」の瓦礫の処理については、まだ方針さえ決まっていないというのだ。環境大臣政務官が続ける。

「私どもは、福島の復興復旧なくして日本の再建はない、こういう思いをしっかり胸に抱いて頑張ってまいりたいと思いますので、御協力のほどよろしくお願いいたします」

この答弁を読む限り、国は、瓦礫の中に遺体がとり残されている可能性について、全く頭にないのだと思った。

ある家族の3・11

震災から4度目の、3月11日を迎えた。私は上野さん一家と共に被災した自宅の前にいた。午後2時46分、萱浜にサイレンが鳴り響く。毎年の光景なのだが、津波で自宅を流されている地区の住民の方たちが、おのおのの自宅のあった場所にやって来ていた。そこから一斉に海の方向に向かって、黙祷を捧げる。しかし、上野さんがこの瞬間に黙祷することはない。サイレンが終わるのを待って、上野さんが道を挟んだ向かいの家の跡地まで行き、そこに来ていた住民に声をかけた。久しぶりに、近所の人と顔を合わせた。

「俺らの中では、この時間じゃないからね。世の中に合わせるには、この時間なんでしょうけど」

上野さんのその言葉に、近所の人たちもうなずいていた。

代わりに3時40分になると、上野さんは被災した自宅の玄関に作った祭壇に線香をあげた。この日の萱浜には、いつにも増して冷たい風が吹き荒れていた。こんな日は、ライターで線香に火を点けるのにも苦労する。風で倒れていた祭壇の写真立てを、上野さんが元どおりに直す。そこには、車掌の格好をした永吏可ちゃんと倖太郎くんが笑顔で写っていた。いつからか祭壇に加えられた、新しい写真だった。

あまりの寒さに貴保さんは、腕に抱いた倖吏生ちゃんの身体を、自分の上着ですっぽりと包むようにしていた。倖吏生ちゃんを抱いたまま、貴保さんが祭壇の前にしゃがんだ。そして目を閉じて、静かに手を合わせた。

腕の中の倖吏生ちゃんは、黙って、じっと目の前の空間を見つめていた。その瞳が、まるで大人の女性のような憂いを帯びていることに驚く。まだ3歳半の倖吏生ちゃんは、不思議な存在感と魅力を持った子どもだった。

一面が更地となった萱浜には、遮るものがなにもないために、年じゅう乾いた強風が吹き抜けている。上野さんの被災した自宅は、ここで丸4年、雨風にさらされ続けて来た。野ざらしの木材は、近頃ますます傷みが激しくなっていた。そんな自宅を見上げながら、上野さんがつぶやく。

「徐々に徐々にね、瓦も落ちて来たりとかね、どんどん酷くなって来てるのでね。昨日みたいに風が強いと、まぁ今日も強いですけど、不安になるよね」

この家を、上野さんは保存しておきたいと思っていた。しかし市役所からは度々解体を打診されてきた。少し前にも、「年度末までには解体して欲しい」と要請されたばかりだった。

「市役所の人としゃべった結果、結局この3月までには壊さなくて良くなって。また期限が延びました。いま南相馬に津波の瓦礫の焼却施設を作っていて、もうちょっとで完成するんだけど。そこで処理するのに間に合うようには、壊してくださいねって」

期間限定で稼働するその仮設の焼却施設が、少なくとも稼働している期間中には解体するように、とのことだった。

こうした市役所からの度重なる催促もあり、貴保さんは最近、様子を確認するために被災した自宅の2階に入ったという。そこには、亡くなった永吏可ちゃんの勉強部屋がある。

『ネズミの糞だらけだったぁ〜!』って言ってたよ。ママは全然、へっちゃらよ。母は強しだよ、うん。まあ、いろんな感情があんだろうけどね」

一方で上野さんは、震災前そのままにしているというその部屋に、怖くてどうしても入ることができずにいた。永吏可ちゃんの遺品に囲まれた部屋を、片付けることを先延ばしにしていた。

上野さんと貴保さんは全く考え方が違っていた。

「ママはね、モノに執着があんまりない。自分が、ずっと忘れないで、『一緒だよ』って思ってるからって。だから、あんまり必要以上には要らないんだって。だけど俺はモノに執着があって。2人の意見が合わないの。全く合わない。あははははは」

上野さんは、いまさらのように笑っていた。

自宅を解体せずに残していることについても、貴保さんのほうは、むしろ早く壊して欲しいとさえ思っていた。久しぶりに貴保さんと、一対一でゆっくり話をした時に、本音が出た。

「パパは残したいって思うんでしょうけど、最終的にずっと、あのまんまの状態で保存ができるわけじゃないし。崩れたら危ないし。別に私は建物にこだわらない。自分の記憶の中だけで十分だから。ホント、自分の記憶の中にちゃんとあれば、それでいいと思う」

もう一つ、夫婦で考え方の違うことがあるという。それは自宅の座敷に並べられた、4人の遺骨のことだった。貴保さんが続ける。

「納骨についても、また難しいところで、そこもまた考え方が違う。パパはもうずっと、『自分が死んだ時に、一緒に納骨してくれればいいよ』みたいな感じで言ってるんですけど。私は必ずしも別にね、ずっと家に一緒に置いておかなくてもいいと思ってて。お墓だって家から近いわけだし、別にね、お墓参り行けばいいわけだし。……ただ、意見が違っても、結局パパの言う通りにしかならないから。まぁ私が言ったところでね、本人がまったく聞く気ないっていう感じだから」

すると、玄関の方で物音がした。

「ただいま!」

倖吏生ちゃんが元気よく、パパとの買い物から帰ってきた。私が貴保さんと落ちついて話したいだろうと気を利かせ、上野さんが倖吏生ちゃんを連れ出してくれていたのだった。

倖吏生ちゃんは座敷の祭壇のそばまでやって来て、遺影の写真の4人の顔を見る。そして思い出したように、貴保さんにねだった。

「ねえ、いい子いい子する、いい子いい子!」

4人の骨壺を順番に撫でてあげる倖吏生ちゃん

「ん？　今日もいい子いい子すんの？　ていうか、今朝やったんじゃなかったっけ？」

「もう一回やる！」

〃いい子いい子〃というのは、4人の骨壺を抱っこしたり、撫でたりすることだった。この頃の倖吏生ちゃんは、お兄ちゃんとお姉ちゃんの遺影に向かって、お話もするようになっていた。

「かして！」と言葉をかけながら、おもちゃを貸してもらったり、「はいどうぞ」と言ってチョコレートをあげたり、歌を聴かせたり。

するとと倖吏生ちゃんには手の届かない、祭壇の奥に置かれた骨壺に、貴保さんがそっと手を伸ばす。

「じゃあね、失礼、倖ちゃん。よーいしょっ」

「しつれい、こうちゃん！」

倖吏生ちゃんが、意味もわからずママの言葉を繰り返す。貴保さんは倖太郎くんの骨壺を抱きかかえ、倖吏生ちゃんの前に差し出す。

「よいしょって言うほど重くなーい。ほら、いい子いい子して。『早く帰って来ーい』って」

倖太郎くんの骨壺が軽いのは、中に遺骨が納められていないためだ。代わりに、見つかった洋服を入れてある。喜久蔵さんとともに、いまだ行方不明のままだ。

お兄ちゃんの骨壺を小さな右手で撫でながら、倖吏生ちゃんが元気良く叫んだ。

「かえってこーい、かえってこーい、かえってこーい！」

つづいて永吏可ちゃんの番だ。貴保さんが骨壺を持ち上げる。

「永吏可ちゃんは、ちょっとだけ重くなるね。失礼、永吏可ちゃん！　はい、倖吏生ちゃん、『お姉ちゃーん』って。『お姉ちゃん、倖ちゃんを宜しくね』って」

「こうちゃんをよろしくね！」

倖吏生ちゃんの明るさは、それが悲しい場面であることを忘れさせる力を持っていた。

学校からの手紙

3月11日を迎える少し前のことだった。2月下旬のある日、上野さんの元に1通の手紙が届いた。差出人は、かつて永吏可ちゃんが通っていた大甕小学校の6年生の担任の先生だった。手紙の内容は、同級生たちが「永吏可ちゃんと一緒に卒業式を迎えたい」と言っていることを伝えるものだった。思いがけず学校から手紙を受け取り、1週間経っていたが、上野さんはまだ返事をしてはいなかった。

「卒業式なんて、まだ全然先だよなぁなんて思ってたのが、少しずつ近づいて来て。で、永吏可の番が来た時に怖くなったんだよね。想像してたものが、現実になるっていうのが。なにかしらの形では、学校からは連絡が来るとは思ってたんすけど」

震災の翌2012年の夏に、上野さんは一度大甕小学校を訪れていた。学校のプールを除染するために使う道具を届けようと、訪問したのが最後だった。その時、子どもたちが運動着を着て校庭で遊んでいる姿が目に入り、心がひどくかき乱されたのだという。

「なんで永吏可だけが、ここにいないんだ」

その現実を、どうしても受け止めることができなかった。以来2年半以上、上野さんは怖くて学校には一歩も足を踏み入れることができなくなっていた。

学校からの手紙を手に、上野さんは父親としての複雑な心情を話し始めた。

「同級生を見るのは、多分辛いと思うんすよ。想像してしまうのでね。永吏可の同級生たちが卒業式を迎える、その場に永吏可がいないっていうのを、自分たちの中でどういうふうに受け止めるのか？　とかね。卒業証書をもらえるっていうのは、永吏可にとってはすごくいいことだし、ありがたいけど。ちょっと怖いなぁと思ってて。ママも怖いと思ってる。あとは当然ね、お祝いの場に水を差したくないっていうのもあるし。他の子どもだったり、お父さんお母さんたちがね、『卒業おめでとう』って喜んでるところに僕らが行くことによって、気を遣わせるっていうのも、当然あるだろうし」

それでも同級生たちの申し出は、素直に嬉しかったという。さらに手紙をくれた担任の先生の、遺族の目線に立った細やかな心遣いにも上野さんは感謝していた。

「先生からの手紙にはね、『卒業を喜ぶ子どもたちを目にされた上野さんに、辛い想いをさせてしまうとすれば、それは本意ではありません』っていう一文があったからね。もちろん、辛いは辛いよ。うん。やはり目を背けたい部分ではあるのかな。同級生が成長していくっていうのは、当たり前のことなんだけど。永吏可はね、2年生のままで終わってて。ことあるごとに自分たちでは、永吏可が成長するのを想像しながら過ごしてるけど。実際にね、成長してる子どもたちを目の前で見るっていうのは、すごく辛いことだと思うので」

数日後、上野さんは学校側に、「卒業式当日に行きます」という返事をした。

3月23日の午前中、大甕小学校では体育館に全校児童を集め、卒業式が行われていた。卒業を迎えた6年生19名が、一人一人名前を呼ばれ、壇上で校長先生から卒業証書を手渡され

小学２年生で亡くなった永吏可ちゃん。４年後の春、同級生たちは小学校卒業を迎えた

る。女の子たちは背も大きく、すっかり大人びていて、赤やピンクの華やかな袴姿で晴れの日を迎えていた。保護者の中には、涙を拭いながら、我が子の成長した姿を見守る人もいた。

その頃、上野さん一家はまだ自宅にいた。

上野さんはワイシャツに、慣れないネクタイを締めようとしていた。なかなかちょうど良い長さにならず、ほどいては、締め直す。身支度を整えながらも、落ち着かない様子で何度もため息をついていた。立ったり座ったり、家の中を歩き回る。普段からヘビースモーカーの上野さんだが、タバコを吸う手が止まらない。

「落ち着かねえべしさ。さっぱり、朝起きた時から、落ち着かねえからさ」

夫の姿を見兼ねて、貴保さんが呆れたように言う。

「だから、何に落ち着かないの？」

すると、いまいましいとばかりに上野さんも言い返す。

「女の人はすごいよね。やっぱりね。……チッ、バカくせぇ」

「朝から2回も泣いてる人に、言われたくないけどぉ」

貴保さんの話では、上野さんは朝からすでに2度も泣いていたという。妻に返す言葉がない。貴保さんは自分の支度だけでなく、一緒に連れていく倖吏生ちゃんの着替えも既に済ませていた。上野さんとは対照的に淡々として落ち着いてみえる。しかし冷静に振る舞ってはいても、同級生たちに対面することを考えると、貴保さんも心穏やかではないはずだ。

リビングのテーブルの上には、いつもは祭壇に置かれている永吏可ちゃんの遺影があった。その前には花束が置かれ、写真の中の永吏可ちゃんがいつもより華やいで見えた。貴保さんはこの遺影を手に、上野さん、倖吏生ちゃんと共に小学校へと向かった。

卒業証書と夢の花束

「歩こう〜♪　歩こう〜♪　わたっしは、元気ぃ〜♪」

学校に着くなり、倖吏生ちゃんはご機嫌で歌い始める。校長先生の案内で、上野さん夫婦が校舎の中へ足を踏み入れた。6年生の教室まで向かう途中、階段の踊り場に、子どもたちの写真が掲示されているのが目に入った。

上野さんと貴保さんは、それが、いまの6年生が1年生だった当時の写真だと、すぐに気付いた。そこに永吏可ちゃんの姿を見つけたのだ。「なわとび記録会／がんばった　1年生の思い出」とあった。この学校で娘は確かに楽しい時間を過ごしていた。一枚の写真のおかげで、ほんの少しだが、上野さん夫婦の間に穏やかで優しい空気が流れた。

「ではこれから、上野永吏可さんへの卒業証書授与式を始めたいと思います。卒業証書授与。平成26年度卒業証書を授与される者。6学年、上野永吏可！」

「はい」

6年生の教室で、返事をして校長の前に進み出たのは、上野さんだ。その後ろから遺影を抱えた貴保さんが続き、上野さんの隣に並んだ。貴保さんは目元にうっすらと涙を浮かべている。それぞれ自分たちの席に着いた子どもたちが、その様子を見守る。後ろの方には保護者たちも並んでいた。

「卒業証書、上野永吏可。平成14年10月12日生まれ。小学校の全課程を修了したことを証する。平成27年3月23日。福島県南相馬市立大甕小学校長。はい、おめでとうございます」

「ありがとうございます……」

涙声で小さくお礼を言いながら、上野さんが両手で卒業証書を受け取った。教室が、温かな拍手に包まれる。子どもたちに背を向けていた上野さんは振り返り、頭を下げる。そして涙を拭った後、教室に向かって語りかけた。

「えー皆さん、卒業おめでとうございます。4年前の3月に、永吏可はね、天国に逝ってしまったわけですけど。みんながこうやって卒業式を開いてくれて、ありがとうございます。永吏可とお友達でいてくれて、ありがとうございます。今日は卒業おめでとうございます」

頬を伝う涙が光っていた。しゃべり終わった瞬間、今にも泣き出しそうになり、上野さんは涙をこらえようと必死に顔を歪めた。続いて子どもたちが、永吏可ちゃんのために校歌を歌う。それを聞きながら、上野さんは何度もハンカチで涙を拭っていた。

この日、思いがけない存在感を発揮していたのが、妹の倖吏生ちゃんだった。貴保さんと上野さんとで、用意してきた花束を、同級生一人一人に手渡していた時だった。倖吏生ちゃんがその花束に手を伸ばし、自分から渡し始めたのだ。微笑ましい贈呈セレモニーに、同級生たちも笑顔になっていた。

会の終わりの集合写真では、子どもたちに囲まれ、上野さんは少しこわばった表情をしていた。真ん中に遺影と卒業証書を持った上野さん夫婦が立ち、両脇に子どもたち全員が並ぶ。ようやく準備が整い、撮影という段になって、倖吏生ちゃんがひと言つぶやいた。

永吏可ちゃんの卒業証書を受け取った上野さん夫婦。同級生には一人一人花束を渡した

「ママ、おしっこ」

その瞬間、上野さんが脱力し、一瞬にっこりと笑顔を見せた。そして足元の倖吏生ちゃんの方に視線を向けて言った。

「ガマン！」

上野さんの張り詰めていた表情が、魔法のようにほぐれたのだ。最後の最後で、上野さんも笑顔になっていた。

こうして卒業証書を受け取り、学校をあとにしようとした時だ。上野さん夫婦が校庭で、メディアに囲まれるという一幕があった。テレビや新聞など10人ほどの記者やカメラマンを前に、上野さんが質問に丁寧に答えた。

（記者）「皆さんの前で、卒業証書を、どんなお気持ちで受け止められたんでしょうか」

「嬉しいですよ。うん」

上野さんは、「嬉しい」と答えた。しかし、我が子のいない卒業式を迎えねばならなかった両親に、どんな感想を期待しての質問なのだろうか。上野さん夫婦にも、やや戸惑いが見える。

さらに、無神経ともとれる質問が続いた。

(記者)「ご両親にとっても、永吏可さんにとっても、今日は一つの区切りというか？」

「区切りとかそういうのでは、全くないですけど。まぁ、あとは永吏可も倖太郎も、自分たちの心の中では、成長していってもらおうと思っているので」

(記者)「お母さん、いかがですか？」

ひとりの記者が突然、貴保さんの方に矛先を向けてきた。苦笑いしながらも、貴保さんも質問に答えた。

「いや、ねぇ、ホント。嬉しい反面、ちょっとね。大きくなった同級生たちを見るのは、もうホントに初めてなので。2年生だった当時の姿からすると本当に大きくなって。もう、どの子がどの子だったかって、思い出すまでにすごい時間がかかるくらい。こんなふうに永吏可も大きくなってたんだろうなって思うとね、ちゃんと見届けたかったような気もするし。でもこればっかりは、どうすることもできないので」

話の最後は涙声だった。しかし、その後に続けた貴保さんの言葉は、非常に強い響きを持っていた。

「でも多分、この先何年経っても何十年経っても、自分が死ぬまで、4年前と同じ気持ちのまんま、ずっと行くと思います」

生涯変わらない悲しみを自分は背負い続けていく。そんな母の決意のようにも聞こえた。

この卒業証書授与の時、私には一つ気になっていたことがあった。教室で、上野さん夫婦が同級生一人一人に花束を渡していたのには、何か特別な理由があるのだろうかと。翌日、貴保さんに尋ねると、思いもしない答えが返ってきた。それは、卒業式の前に見た、夢の話だった。

「この4年、私は一度も永吏可の夢って見たことなかったんだけど、初めて見たんです。なんか夢の中で、知らない高校生の卒業式のシーンの写真の中に、永吏可が写っていて。永吏可が花束をプレゼントしてる写真があったんです。『ああ、じゃあ、花束を渡したいのかな?』って思って。永吏可なりに、『卒業おめでとう』っていう想いがあって、夢に出てきたのかなと」

「それで同級生のみんなに、お花を?」

「そうそう。永吏可なりに、お祝いしたいのかなって思ったので、『じゃあ、花束渡そっか』っていうことになったんです」

夢の中の写真は見たこともないほど鮮明で、永吏可ちゃんの表情は、満面の笑みだったという。

あの卒業証書授与の日の教室には、たぶん永吏可ちゃんも来ていたんじゃないか。私にはそんなふうに思えてならなかった。

〈第５章〉記憶

（2015年4月―2016年3月）

震災後が日常に

厳しい冬の寒さがようやく緩む4月初旬。福島県浜通りを皮切りに、東北からも桜の便りが届き始める。しかしこの日の南相馬市は、前夜から降り続いた雨のせいで、肌寒い朝を迎えていた。空はどんよりとした分厚い雲に覆われ、せっかくほころび始めた桜のつぼみも、冷たい雨露に濡れていた。

今日は、倖吏生ちゃんの幼稚園の入園式だ。

上野さんの自宅の、家族4人の遺影が飾られた祭壇の前には、和室用の低いテーブルがある。その上に、倖吏生ちゃんの新しい洋服が綺麗にたたまれて、たくさん並べられていた。ピンクや黄色、花柄やチェック、水玉模様など、毎日着るのが楽しくなりそうな服は、動きやすさを重視したものが多い。一つ一つには、「うえのさりい」というネームが付けられている。これから毎日、幼稚園に着ていくためにと、貴保さんが新しく買い揃えたものだ。

その中から倖吏生ちゃんは自分で、熊のイラストがついたピンクのトレーナーを選んだ。

「わたし、きがえるからねぇ」

祭壇の前に座り、パンツ姿になる。そこで思い出したように祭壇の方に顔を向け、しゃべり出した。

「えりかちゃん！　こうちゃん！　ばあちゃん、……じいちゃん。おはよ！」

寝癖のついた頭で、眠い目をこすりながらも、遺影に向かって一人一人にゆっくりと呼びかける。

そこで初めて貴保さんが、パジャマを脱いだ倖吏生ちゃんに気付いた。

「倖吏生さん、今日は違います。今日は、その服ではありませんよ」

「だってぇ！」

入園式のために、貴保さんはお出かけ用の綺麗なワンピースを用意していた。すると、上野さんが口をはさむ。

「スウェットで行くぐれえの、根性見せねぇとダメだ」

そんなパパが、倖吏生ちゃんのことをさっと抱き上げ、そのまま隣のリビングへ連れて行った。2人の目線の高さの棚の上には、写真立てに収められた写真がある。亡くなった家族4人の生前の写真だ。少しかしこまった表情の祭壇の遺影とは違い、何気ない普段の姿を写したスナップが、8枚飾ってあった。

「えりかちゃんが、こっち。こうちゃんが、こっちで、なかよしなんだよぉ」

倖吏生ちゃんが指差した先には、笑顔の永吏可ちゃんと倖太郎くんがいた。写真の中の家族の存在は、上野家にとって日常になりつつあった。

慌ただしく支度をする一家の足元には、真新しいバッグが2つ用意してあった。一つはキルティングの布製のバッグと、もう一つは、プロレスラーのマスクのような大きな顔が、表裏に赤と青で縫い付けられた肩掛けカバンだ。どうみても男の子用のデザインだった。貴保さんがバッグを手に取る。

「どっちも倖太郎のです。とりあえず全部、倖太郎のために準備していたものだったんだけど。ただ、まだ名前は入れてなかったから、倖吏生の名前を入れただけなの」

震災当時、翌月に入園を控えていた倖太郎くんのためにと、準備していたバッグだった。布のバッグには、倖吏生ちゃんの名前が、ひらがなで大きく縫い付けられていた。

倖吏生ちゃんが2つのカバンを背負ってみる。どう見てもカバンの方が大き過ぎる。

「おもくて、タイヘン〜！　見てぇ！　わたしこれタイヘンなのよ〜。お父さん！　コレ、もってててくれなぁい？」

大人を真似てしゃべる口調が可笑しかった。

正装した家族3人で表に出ると、被災した自宅の前に立つ。パパとママの間に挟まれた倖吏生ちゃんが、両手でそれぞれの手を握った。上野さんも貴保さんも、いつになく嬉しそうだ。その場で、記念写真を撮った。改めて3人並んだ姿が、上野家の新しい門出を象徴しているようだった。

南相馬市立大甕幼稚園は、上野さん一家が住んでいる萱浜地区の学区内にある幼稚園だ。道路を挟んで隣接する大甕小学校は、震災当時2年生だった永吏可ちゃんが通っていた学校だ。

倖吏生ちゃんの登園が始まったことで、上野家にはようやく震災後の新しい生活リズムができた。震災前は今と違って、上野さんも貴保さんも勤めに出ていたし、長女の永吏可ちゃんは毎朝学校に通っていた。久しぶりの感覚だった。

そんな時に思うのは、倖太郎くんのことだった。

倖吏生ちゃんを幼稚園に送った帰りの車の中で、貴保さんが、話してくれたことがある。

「倖太郎は、ふざけて自分で『僕、幼稚園行かないから』なんて言ってたからね。ホントに行かないで終わっちゃったんだけどねぇ」

あれから4年。その後生まれた倖吏生ちゃんは、兄の倖太郎くんを追い越した。

「ホントに早い。あれから今まで、早かったなぁと思う。ただね、倖太郎は友達作らないで終わったなぁって。一人も友達できないまんま、終わってしまって。なんにも経験しないで逝っちゃって……」

最後は消え入りそうな、ささやくような声だった。

テレビ局の仕事を辞め、自由に時間を使えるようになった私は、さらに頻繁に福島に足を運ぶようになっていた。そのため、平日の上野さん一家を訪ねることが増えた。

貴保さんは5月から、午前中だけ仕事に出かけるようになった。仕事と言っても、震災前の看護師の仕事ではない。萱浜地区の農家で作る「復興組合」の農地整備の仕事だ。農地の草刈りや瓦礫拾いをすれば、日当がもらえる。

初仕事から戻って来る貴保さんを、自宅で上野さんが迎えていた。

「もう帰って来るよ。あ! 来た。震災後、初めてお金をもらう仕事だよ。ママ的にはね」

見ると一台の軽トラックが入ってくる。そして、運転席から貴保さんが降りてきた。

「ただいま」

「どうだった?」

上野さんが尋ねる。

「まあ、疲れたけど、楽しいと言えば、楽しい。黙々とやってるだけなんだけど」

意外にも、「楽しい」という言葉が出てきた。震災から4年、出産と子育てに日々を費やしてきた貴保さんにとって、外の空気を吸うことは新鮮だったようだ。少し汗をかいたせいか、清々しい表情だった。

普段、さりげなくセンスの良い服装をしている貴保さんが、農家のお嫁さんのような、麦わら帽子にジャージ姿というのも初めて見た。この格好で、朝にはマニュアル車の軽トラックに乗って出かけていき、仕事場では草刈機をふるっているのだ。

平穏な日常を取り戻す中で、貴保さんは、それとは違う震災前の「日常」を、少しずつ遠くに感じ始めていた。亡くなった2人の子どもたちと過ごした日々が、現実のように感じられなくなってきたという。

「変な感じですよね。なんか、一緒に生活してた時間が、実はそっちの方が夢なんじゃないか？　っていう感じがしてね。一緒に生活してた時が夢だったって思った方が、気が楽じゃないかと思うので。自分にいいように解釈したくなってしまいそうで」

そんな自分に、貴保さんは少し戸惑っているようでもあった。

「でも、2人はいないのに、普通に生活していられることが、良いんだか悪いんだかっていう複雑な心境にはなったりします。不思議な感じですよねぇ。ホント。つい昨日まで、2人はここにいたような感覚なのに、実際はいなくて。一緒に出かけたことだったり、入学式だったり、なんでもかんでもね、ついこないだのことみたいに鮮明に思い出せるのにね。本人たちはいないというね」

貴保さんは、子どもたちとの思い出を、いつまでもしっかり覚えていてあげたいと考えていた。しかし考えすぎると、目の前の日常に、支障をきたすことになる。

「昔のことを考えると結局、悲しくなって、泣くようになっちゃうから。基本的には、忘れるわけじゃないけど、考えないようにする。何でしょうね、心をコントロールしてというか、気持ちをセーブして生活するっていうスタイルですかね。基本的に、考えてたら、ホントにきりがなくて、考える度に泣くようになっちゃうので。だから忘れないまでも、考えないようにする」

私のカメラの前で、貴保さんは何度も頷きながら、まるで自分を納得させるように話していた。その目は、涙で潤んでいるように見えた。

東電との距離

菜の花迷路の季節がやってきた。萱浜が見渡す限り、目の覚めるような眩しい黄色に覆われる。その頭上には、いつものように鯉のぼりが風を受け悠々と泳いでいた。こうしてゴールデンウィークのひととき、萱浜がまた今年も子どもたちの歓声に包まれる。

1日1000人近い来場者に対応するには、大勢のボランティアの協力が必要だ。そのため、この年から、上野さんは東京電力の社員の手伝いを受け入れ始めた。

東京電力では震災対応のために、２０１３年1月、社内組織として「福島復興本社」を設立した。拠点は福島県内に置かれている。被災した福島の復興支援や放射能の除染作業に携わる他、被災者への賠償問題を扱うことなどが主な業務だった。手伝いに来ていた社員には、この福島復興本社の人も多かった。上野さんは東京電力の手を借りることを、どう思っているのだろうか。

「東京電力の方って、今年はずっと手伝いに来ているんですか？」

「ずっと手伝ってもらってますね。いろんな事情があるかもしれないけど、会社と人は、また別だと思っているのでね。東京電力の社員の中で人を募って、毎日手伝ってくれてるのでね。一生懸命やってくれてて。顔を見ると、みんな真っ黒に日焼けしてるよね」

東京電力の人たちは、駐車場での車の誘導や来場客の案内係などを担っていた。目立たず地味な役割だが、最も大変な部分でもあった。

「感謝ですね。会社は憎いけど、別に個人を憎んでるわけではないので。まだ会社は憎いですよ。東京電力という会社は、やはりまだ憎いけど。会社と個人は、また別なのでね」

菜の花迷路の最終日となった5月6日。片付けも終わり、解散する前、手伝いの人たちみんなを集めて上野さんが挨拶した。

「ホントに、お疲れ様でした！　ありがとうございます！」

期間中は5000人もの人出だったという。上野さんは連休が終わっても、迷路はしばらくの間そのままにしておく。地元の人に開放し、好きな時に自由に楽しんでもらえるようにしていた。上野さんとしても、菜の花迷路の余韻にもう少しだけ浸っていたいのだろう。

私はもう1泊南相馬に滞在することにして、ボランティアのみんなが帰っていくのを、上野さんと共に見送った。

夕飯まではまだ間があるからと、上野さん一家と自宅のリビングでくつろいでいた時だ。ガラス戸越しに、見慣れない車が止まるのが見えた。まもなく玄関の呼び鈴が鳴った。

「失礼します」

そう言って入ってきたのは、白髪交じりの年配の男性だった。白地に細いブルーのストライプ柄のシャツを着て、肩にはカーディガンをかけている。それが、東京電力福島復興本社代表の石崎芳行(いしざきよしゆき)さんだった。石崎さんは東京電力本社の副社長も兼ねていた。

会社の制服ではなく、私服姿だったところを見ると、休日のプライベートな時間に立ち寄ったのだろう。菓子折りの入った紙袋を下げて、にこやかに現れた石崎さんは、そばにいた倖吏生ちゃんにも、腰を屈めて目線を合わせ「こんにちは」と声をかける。

私にとっては初対面だったが、ともかく手元にあったカメラを回し始めた。

石崎さんは上野さんに菓子折りを差し出すと、そのまま座ることなく、隣の部屋の祭壇の前に進み出た。膝をついて線香をあげ、手を合わせる。十数秒、少し長めに黙祷した。それからリビングに腰をおろし、上野さんと向き合った。

「この連休で、私も随分、県内を回ってきましてね」

「あははは。大変っすね」

上野さんはにこやかだ。

「いろんな方にお会いしましたけど」

「そうでしょうねえ。そういう時でないと、なかなかね。普段仕事だと、どうしても人に会えないですもんね」

上野さんとは頻繁に会っているのだろうか。当たり障りのない世間話だったが、終始和やかな雰囲気だった。5分も話すと、石崎さんの方から「そろそろ」と切り出した。

「ご馳走様でした。また、よろしくお願いします」

正座して床に手をついた石崎さんが、頭を下げる。上野さんが、笑顔で応じる。それから立ち上がり、石崎さんは再び祭壇の前に進み出ると、膝を折り、手を合わせた。

リビングのガラス越しに、帰っていく石崎さんの背中が見える。自ら運転し、一人で来ていたようだ。去っていく車を眺めながら、上野さんがこれまでの経緯を話してくれた。

2人が初めて会ったのは、2013年3月のことだった。福島復興本社の初代代表に就任して2か月余りの石崎さんが、人づてに上野さんを紹介され、萱浜を訪ねて来たのだった。石崎さんと初めて会った日、上野さんはやはり、怒鳴り散らしていたという。

「最初に、俺に向かって名刺を渡すから、『お前は何しに来たんだ？　このカス！』って言った。ここに来たら、頭を下げながら来るのが当たり前なのかなと思ったら、名刺を出して『石崎です』っていうふうに言ったから、コイツ何しに来たのかなって思って。『自己紹介しに来たのか？』って。『それでここに来たのか？　どっちだ？』って言って」

そこから2時間余り。上野さんは、萱浜の津波被災地で起こった出来事を話して聞かせたという。妊娠中だった妻が原発事故から避難したために、津波で亡くなった娘との最後の別れさえできなかったことも話した。東京電力への怒りは、その妻の件が原因だと。

「東京電力の社長だって、24時間働いてるわけではないじゃないですか。必ず休みはあるわけですよね。だったら家族を亡くした人たちの家一軒一軒に謝罪しに来たって、罰(ばち)当たんないんじゃないですか。それがね、テレビの前とか、カメラなんか連れて来ないで、一軒一軒個人で歩いて頭を下げたっていいと思うんすよ」

それ以来、石崎さんとは2年ぶりの再会だった。なかなか会う機会がなかったことを、上野さんは皮肉交じりに言う。

「お忙しい方だから。……それでもやっぱりね、自分であああやって回って来るだけ、まだね、政治家の方よりはいいような気がする。はっははは」

石崎さん側にとっても、上野さんと最初に会った日のことは、強烈な印象として残っている。当時の日記帳に、石崎さんが、その日のことを綴っていた。

2013年3月17日のページの最初の行には「石崎しかできないことをやってくれ」と書き込まれ、ピンクのマーカーでラインが引かれていた。上野さんから言われた言葉だ。続く行にも、「胸に刺さる言葉の数々」「津波被災者の心情」「一軒一軒謝罪して回れ」などのメモが記されていた。

後に私は、東京電力福島復興本社の社内で、石崎さんに直接インタビューする機会を得た。その時、上野さんとの初対面の日の出来事を話してくれた。最初は屋外で、被災した自宅の祭壇の前に立って話をしたという。

「もう最初から、上野さんは非常に険しい表情をされていて。まず最初に、私がサラリーマンとして名刺をお出ししたら、その名刺をですね、『なんだ、コレは?』っておっしゃって、放り投げられたか、破り捨てられたか。本当にもう、狼のような目をされていました。その日は、太陽の光が非常に眩しかったもので、私がちょっと目を細めたら、『お前、笑ってんのか!』『俺は殴ってやりたい』と、こう腕をブルブル震わせた上野さんの姿を、今でも覚えています」

その後、自宅へあがらせてくれた上野さんが、4人の遺影の前で、さらに話し始めた。

「仏壇の前で座って、お話をですね、多分2時間ぐらいずーっと伺って」

そこで、上野さんから言われた印象深い言葉があったという。

「お話の最後の方でですね、『東京電力は絶対許さないけども、一人の社員が一生懸命、この地域の家が遺っていないところを回って、お線香を毎朝上げていた』と。『そういう社員がいてくれて、アンタという立場が守られてるんだ。それをわかんなきゃダメだよ』っていうことを言われました。それから別れ際におっしゃられたのが、『私は、あなたがこれからどういうふうに、この福島で、そして残りの人生を送るか、ずーっと見てますよ』と。その一言が、すっごく強烈に残っていますね。それで、『あなたができることをやって欲しい。私はずっと見てますから』という一言ですね。ああこの人は、あの悲しい想いを乗り越えて、こういうふうに、人に優しく言える方なんだなと思いましたね」

「津波だけなら……」

菜の花迷路から2週間後の5月下旬。私は福島市にいた。県中央部の中通り地域にある福島市は、南相馬市からは峠の山道を越えて、車で1時間半ほどかかる内陸に位置している。浜通りとは、阿武隈高地によって隔てられていて、気候や文化が異なっている。さらに、震災に対しても浜通りとは温度差があると、上野さんは感じていた。

この日は、上野さんや福興浜団の仲間と一緒に、JR福島駅から歩いて数分の場所でイベントの準備に立ち会っていた。写真の展示と映像の上映によって、津波に見舞われた福島県沿岸部の震災について伝えようと、福興浜団として初めて企画した講演会イベントだった。タイトルは上野さんの発案で、「津波に奪われた命、そして今」とした。

福島市でのイベント開催は、上野さんにとっての念願だった。中通りや県西部の会津といった福島県の内陸部の地域にとって、津波は縁遠い。だからこそ、沿岸部では津波の犠牲者が出ているということに、目を向けて欲しいという。

「どうしてもね、福島では放射能っていうイメージが強いけど、福島県が一番先に考えなくちゃいけないことは、本当は、津波の被害に遭った人がいるっていうところなのかなぁと思ってて」

上野さんが失ったのは、家族4人の命だ。「命より大事なものが、他にありますか?」そう言って、上野さんは上映会の参加者たちに度々語りかけてきた。いくら願っても、いくら自分が頑張っても、家族の命は戻らないのだと、痛いほど思い知ったのが他ならぬ上野さん自身だったからだ。

「僕は、いま生きている人たちに後悔をしないで欲しいなぁと思うんですよね。僕も震災前までは、家族が生きてて当たり前だと思ってたので、親に対する感謝の言葉であったり、子どもたちに対する愛情だったり、『もっと、こうしていれば良かった』という後悔がある。でも、いまある命は当たり前じゃないかもしれない。生きてることは奇跡なんだっていうぐらいの気持ちで、親だったり、子どもたちだったり、奥さんだったり、友人だったりっていう人たちに接してもらえると、後悔を減らすことはできると思うんです。それに放射能を不安に思って暗くなってる人たちだって、津波の惨状を聞けば、『自分たちはまだ恵まれてるんだから、もっと頑張んなきゃ』って思うんじゃないかと思うのね。『できる範囲で、もっと頑張ろう』って思う人を、福島県で増やしたいと思ってるんすよ」


イベントの一角で開催した写真展には、上野さんのところに通ってくるフリーランスのカメラマンたちが撮影した写真を展示した。福興浜団の活動や上野さん一家の表情を、数年がかりで記録したものだった。

ところが、この写真展の会場で、上野さんは思いがけない言葉を耳にすることになった。

「写真展の会場に来ていた年配の女性だったんですけど、すぐ後ろに俺がいることを知らないで喋ってて。その人たちが、『津波だけなら良かったのにね』って言ってたんです。原発事故がなくて、津波だけなら良かったって。考えてみて欲しいんです。津波に関して、『良かった』なんていう発言は問題外だよね。県内でも1800人以上の人が津波で亡くなっているのにね、放射能のことしか頭にない。それが福島県という場所です。人の命に目を向けられないことが、とにかく残念です」

おそらく発言した人は、深く考えて口にしたわけではなかっただろう。しかし、家族を亡くした上野さんにとってみれば、許し難い発言だった。

ステージ上では、私が制作した短編映像を上映した後、上野さんと木村さんが2人並んで登壇した。木村さんは福島第一原発が立地する大熊町で、原発事故直後に全町民が強制避難となる中、津波で家族を失ったという部分については孤独を感じてきた。壇上では、震災翌日に大熊町を離れた時のことを口にした。

「震災の日に、家族がいないことを知って、ずっとひと晩じゅう捜してて。次の日の朝には避難指示が出たんですけど、俺が捜してるところに区長が来たんです。そん時に言われたのが、『生きてる者の方が、今は大事だ』っていう言葉で。津波に遭わず無事だった家族を、長女と母をなんとかしなきゃっていう想いが強くなって、まず避難させました」

その後しばらくは、捜索に当たる警察や消防の若い人たち、そしてボランティアの人たちを被ばくさせてはいけないと、捜索活動を自分だけで続けようとしてきた。

「捜すところが本当に広くて、ものすごい瓦礫の量です。もちろん一人では全く進まないですし、おそらく手作業では一生かかっても終わらないだろうっていうような状況です」

「帰還困難区域」となっていた大熊町では、この頃、エリア内に自宅のある住民たちが許可を得て立ち入る「一時帰宅」には年間15回、1回につき5時間という立ち入り制限があった。それでも、木村さんは「一時帰宅」という名目で大熊町に入り、捜索を続けていた。この時点では、他に方法がなかったからだ。

上野さんたち福興浜団の仲間が、大熊町での捜索を手伝うようになって1年8か月。捜索の成果は別として、変化はあった。仲間との関わりによって、近頃の木村さんは、捜索活動そのものに対して楽しさや喜びを感じ始めていた。捜索中に笑顔もみせるようになった。

「最近つくづく思うんですが、いろんな人との関わりの中で、そこにホントに、汐凪を感じるんですね。それがとってもなんか嬉しい。例えば、上野さんが大熊町にイルミネーションを灯してくれたのも、俺のためじゃなくて、汐凪のため。それも、とっても嬉しいんですよ。そういうことに癒されながら、いま生きています」

汐凪ちゃんが行方不明のままだという事実が、木村さんに、様々な人との繫がりをもたらしたことは確かだった。そうした縁について、木村さん自身は、汐凪ちゃんが運んできてくれたものだと感じている。人との関わりの中に、「汐凪を感じる」のだという。

この年の2月に開催された「帰還困難区域」を見学するツアー以来、私も大熊町への「一時帰宅」に同行させてもらうようになっていた。この講演会イベントの前日にも大熊町に入ったばかりだった。そこで、木村さんにとっては震災以来の念願だった、ある場面にも立ち会わせてもらっていた。

娘の気配

講演会前日の5月23日。私は木村さん、上野さんと共に、大熊町にいた。新緑の季節だというのに早くも夏を思わせる陽気で、肌を刺すような強い日差しが照り付けていた。Tシャツの上に重ねた長袖の防護服が暑くて、たまらなく辛い。その熱を冷ますように、時折、海からの爽やかな風が吹き抜けていく。

波打ち際から30メートルほど陸側に入った海岸には、とてつもない量の瓦礫が積み上がっていた。分別されていないため、あらゆるものが混在している。家の建材と思われる木材や鉄骨、シャッターや看板のようなものもあれば、農機具か何かの大きなタイヤや自転車、家電のような比較的大きいもの。その他にも、衣類や生活用品など細々としたものも相当出て来る。こうした生活の痕跡が、互いに複雑に絡み合い、大量の土と混ざり合って目の前の山を形作っていた。

じっとりと汗が滲む炎天下で、スコップを手に、上野さんも仲間もみな黙々と作業する。瓦礫の山を少しずつ削りながら、遺留品を掘り出していくのだ。それを確認するのは、木村さんの役目だ。一つ一つ手にとって、見覚えはないか、過去の記憶を頼りに判断する。

こうした地道な作業で、これまでに汐凪ちゃんや深雪さんの遺品が、数十点見つかっていた。汐凪ちゃんのものは、名前入りの小学校の体操着や、入学式で着たブレザーとチェック柄のスカート、ピンク色のスキーウェアなどがあった。家族で写したプリクラ写真なども出てきていた。

ところが、上野さんは苛立っていた。その原因を話してくれた。

「南相馬で最近、集約されてる瓦礫の中から人が見つかったって。作業員が『ズボンかなぁ、重いけど泥かなぁ』なんて思って見たら、靴下も履いてて……」

瓦礫の分別中に津波で流されたという遺体が見つかったのは、第一原発20キロ圏内の沿岸部だった。震災直後から「警戒区域」に指定されていたために、20キロ圏内では、いまだに瓦礫の分別さえ終わっていなかった。そこには遺体があるかもしれないのに。震災から4年が経つが、相変わらず原発周辺では行方不明者の捜索が後回しにされていると上野さんは感

大熊町での手作業による捜索風景。瓦礫は特に線量が高い

じていた。

「まず捜そうよ、ってすごく思うのさ。国は『捜索の予算はない』とかって言うけど。こんなにたくさんの人が瓦礫の中から見つかってるわけでしょ。だって、可能性はゼロではないわけだから」

この日の大熊町への「一時帰宅」には、いつもと違う顔ぶれがいた。木村さんと親しい町会議員や、地元の小学校の校長、あとは震災当時に汐凪ちゃんの担任をしていた橘内悦子(きつないえつこ)先生もいる。

実はいまから、震災以来閉鎖されたままとなっている熊町小学校に入るという。木村さんとしても震災後初めてのことで、教室に遺された汐凪ちゃんの遺品を確認することになっていた。

木村さんと先生たちが、海岸近くにある木村さんの自宅跡から車で学校に向かう。私は、その車を追いかけて、2キロほどの距離を小走りで小学校に向かった。ジリジリと照りつける太陽のもと、防護服姿でカメラを手に走る。着く頃には、全身汗だくになっていた。

校舎の中は、4年前のままだった。廊下には掲示物や学校内の備品が乱雑に散らばっていて、発災時の混乱がうかがえる。ここは高台で津波は来ていないため、おそらく地震のせいだろう。

1階の廊下の奥にある1年2組の教室に入ると、ちょうど木村さんが先生たちと教室の掲示物を眺めているところだった。先生たちはみな、防護服にマスク姿だ。手には大きなガイガーカウンターを持っている。空間線量は、教室内でも1時間あたり5マイクロシーベルトは下らなかった。

教室内もまた、震災直後のまま手付かずの状態だった。床の上には、子どもたちの帽子やランドセル、粘土やピアニカなどが散乱している。黒板の右端に書かれた日付は、「三月十四日(月)」となっていた。3月11日の金曜日、1年生は授業が終わっていたため、翌週の準備として書かれたものだ。しかし、この教室に新しい週がやって来ることはなかった。

担任の席の付近で、大きなビニール袋に入った子どもたちの作品を確認している時だった。橘内先生が何かを見つけた。

次々に出てくる汐凪ちゃんの工作や作文を手に笑顔になる木村さん

「汐凪ちゃんの、それそれ！　間違いない」

その瞬間、木村さんの表情が一気に変わった。思わず大きな歓声をあげる。

「えー！　さっすが、担任の先生！　これは普通、わかんねぇ。すごい！」

そこにあったのは、紙皿に猫やうさぎなど動物が描かれた工作だった。名前はなかったが、先生は、絵が得意だった汐凪ちゃんの作品をはっきりと覚えていた。

「汐凪ちゃんは、すごく絵が上手だったんですよ。そして運動もできるし、文を書いたりだとか、そういう表現力があってね」

汐凪ちゃんは、とにかく明るく活発な子だったという。毎朝大声で、「行ってきます！」と近所の人に挨拶し、小学校の初めての運動会では、かけっこで1等賞を獲った。

そんな汐凪ちゃんの机は、真ん中の列の、やや後ろ寄りにあった。机の上には、「きむらゆうな」と大きく名前が書かれている。木村さんはその上に、見つかったばかりの紙皿の工作をそっと置いた。

その後も、絵日記や作文などが次々に出てきた。差し出される度、木村さんが楽しそうに笑った。

「いや、はっははは。『わたしは、いつもそだてているどうぶつがいます』ふふっ」

汐凪ちゃんが作ったなぞなぞには、飼い始めてまもない愛犬のことが書かれていた。ベルのことだ。可愛い犬のイラストも描かれていた。他に、汐凪ちゃんのさんすうセットや、絵の具の筆洗バケツもあった。木村さんは、もっともっとと探し続ける。楽しくて仕方がない。

「1日あっても終わんないっすね。あっははは」

ところが木村さんは、ほとんどの遺品を持ち帰ろうとはしなかった。

「なんかね、その教室にあることで、何かを感じられるんですよね。いま生活している白馬に持って来てしまうと、それが薄れてしまうような気がして……」

教室を後にする時、木村さんが廊下に出る手前で、ふと足を止めた。教室のドアの脇の壁には、子どもたちの写真入りの掲示物があった。「学習係」の児童たちを紹介する中に、汐凪ちゃんが写っている写真があった。真ん中で、元気いっぱいに笑っている。

木村さんは外していたマスクをかけ直し、じっと写真をみつめた。その手には、唯一持ち出そうと思った汐凪ちゃんの筆洗バケツが握られている。心の中で何を話しかけていたのだろう。久しぶりに感じることができた娘の気配が、そこには溢れていた。

迫るリミット

6月6日は倖太郎くんの誕生日だ。前日から南相馬に来ていた私は、朝一番で花を買い、上野さんの自宅に持って行った。家の周りでは、この時期になるといつも一面にシロツメクサが顔を出す。白い小さな花々がしっとりと露に濡れ、みずみずしく咲いている。クローバーの緑の葉の上にできた、朝露の玉の水滴たちが、その小さな丸い世界の中に青空を映していた。

祭壇のある部屋の和テーブルの上には、プレゼントの包みが2つ置かれていた。30センチほどある縦長の四角い大きい包みと、その上に、手のひらサイズの小さな箱が乗せてあった。大きい方が倖太郎くんへの、小さい方が永吏可ちゃんへのプレゼントだ。

毎年この日に、上野家では倖太郎くんのために誕生日プレゼントを用意している。永吏可ちゃんのプレゼントも一緒に買う。永吏可ちゃんの誕生日には、逆に倖太郎くんの分も一緒に買うことにしている。どちらかが、焼きもちを焼かないようにと。

貴保さんが祭壇を少し片付けながら、プレゼントの包みを2人の遺影の前に置いた。

「何買っていいかわかんなくて。いつまで経ってもなぁ、毎回、仮面ライダーとか、電車モノになっちゃう。2年生だから、まだそれでもいいかなとは思ったりするけど。でも今回は見たことない、新しい仮面ライダー。LEDが光るみたいな、特大フィギュアです。永吏可ちゃんは、おまけ。まあ中学生だから、女の子だしネックレスを買いました」

倖太郎くんは、本当なら8歳になるはずだった。小学2年生だ。永吏可ちゃんは、中学1年生のはずだった。貴保さんが、手を合わせながらぽつりとつぶやいた。

「お誕生日、おめでとう……」

震災から4年余りが過ぎ、当時3歳9か月だった倖太郎くんが生きていた時間よりも、亡くなってから過ぎた時間の方が長くなってしまった。

「早いねぇ、しみじみとね。生きてた年月よりも長くなっちゃったねぇ、……なんて言ってると、またお父さんがブルーになるっていう」

リビングにいる上野さんの方を指差しながら、貴保さんが言った。いつものことだから、とでも言いたげに、意識して明るい口調で話していた。すると、上野さんが反応する。

「あん？」

「パパは、アレでしょ？　泣かないように、ちょっと粋がってんでしょ。泣きが入らないようにして。……あ、実はもう、朝から泣いたとか？」

貴保さんが、ちょっとだけ意地悪く言った。上野家では、いつもすぐに泣くのはパパの方だ。上野さんは震災後、貴保さんが泣いたのを数えるほどしか見たことがないという。

「早いねぇ。倖太郎も8歳だよ、お父さん」

「知ってるよ」

上野さんが、ボソッと答えた。そのまま無言になる。倖太郎くんの生きた日々が、どんどん遠のいていくようで悲しくなる。

この前日、上野さんの心にさらに影を落とす出来事が起こっていた。市役所の職員が自宅を訪ねてきたというのだ。何の件かはわかっていた。

被災した自宅の縁側に、上野さんと並んで腰掛ける。そして私は、いつものようにさりげなくカメラを回し始めた。

「市役所の人とは、どんな話でした？」

手にしていたタバコの火を消して、上野さんが答える。

「市役所の担当者が来て、『予算がもうない』ということで。だからね、『解体を今月中に決めてください』という話がきたの」

それは、被災した自宅を解体するかどうか、決めて欲しいという催促だった。

「それは、急にですか?」

「急に来た。なんか、その担当の課長も、すごく困ってるみてえなんだけど、『もう待ったなしですから』みたいな感じだね。『今月中に解体申請の書類を書いてください』って。市の予算で解体するのであればね」

もしも上野さんが市に解体を申し出なければ、費用を自分で出して解体しなければならなくなる。それには処理費用まで含めて、2000万円近くかかるという話だった。けっして生活に余裕があるわけではない。とても上野さんが自力で賄える金額ではなかった。

この家は、専業農家だった父・喜久蔵さんが、苦労して建てたものだった。

「はあ……、困ったなぁと思って。親父に申し訳ないなぁと思って。まあ親父がどう思ってるかはわかんねぇけど。なんとなく自分の中で、親父にとってはこの家がすごく自慢だったっていうのもあるしね。情けないなぁ、情けないね、ホントに。解体費用を俺が出すって言ってやりてぇけどさ、親父にさ。……無理だよ」

震災前に、家族6人で賑やかに暮らした日々の思い出も、この家には刻まれている。この家で生まれ育った永吏可ちゃんと倖太郎くん、2人の面影も、この家と共にあった。

「なんだかなぁ、嫌んなってきちゃった……」

解体期限が迫る自宅の縁側で思いを巡らせる上野さん

タバコに火をつけ、上野さんがかつての我が家を見上げた。日が落ちて、辺りは次第に暗くなる。

「ちきしょう。親父、夢に出てくんじゃねぇかなと思って」

「でも、夢でも話せるといいですよね」

「そうだねぇ。うん。親父、お袋、……そうだなぁ。夢でもなぁと思うね」

上野さんが、つぶやくように言った。

声が聞きたい

翌7月になると、解体の話はより現実味を帯びてきた。復興組合の仕事で出かけていた上野さんが、お昼に休憩で自宅に戻ってきた。そこで私に、一枚の書類を見せてくれた。

「申出書」と書かれた書類には、「解体、撤去、処分物件名」の欄に、手書きで「住居」と記入されていた。末尾には、「上野敬幸」と署名、捺印がされていた。端正な筆跡からして、貴保さんが代筆したものだろうということがわかる。

この書類を、遅くとも9月までには提出してくれと市役所の担当者から言われていた。市は設置した災害廃棄物の焼却処理施設を、2015年度末には閉鎖する計画だという。そのため、被災家屋の解体作業については、この秋には手続きを始めないと処理が間に合わなくなるというのだ。上野さんはここまで来てもなお、書類を出したくないと渋っていた。

「どうしてもって言われたら、しぶしぶ出しに行くかなと思ってる……」

「『できるだけ早く』って言われてるんだから、すぐ出しに行きなよ」

貴保さんが、上野さんをたしなめる。貴保さんの想いは、上野さんとは違っていた。

「別に建物とか、物だけが全てじゃないから。なくなったら、全部もう何も覚えてなくって思い出も何にもなくなって、本当に真っさらな状態になるっていうわけじゃない。自分の心の中にはあるわけですから。パパ的にはね、『薄情者』って言うかもしれないんですけど」

考え方の違いは、今に始まったことではない。

家の表に出た上野さんが被災した自宅の玄関先に歩み寄り、祭壇の前にしゃがんだ。線香の束を掴むと、火をつけて、祭壇の前に置いた。左手には火の点いたタバコを持ったまま、右手で小さなスプーンを取り、目の前にある鳴り物を2度、「チン、チーン」と鳴らした。

そこに佇む被災家屋は、ますます傷みが目立つようになっていた。

「夫婦間で意見が違うので。いや、困ったねぇ。味方がいねぇよって思って。ママはもう、『早く壊しなさい』って言ってるし。俺も、家が崩れたりしたら危険なのはわかるけどね。だけど、なるべく……うーん、なんでだろ？　どうしても俺はモノに執着してしまう部分が前からあるんだけど。なんにも、守れなかったなぁと思っている、いま。みんなも守れなかったし、最終的に、この家も守れなかったなぁって考える」

少し疲れたように、上野さんが力なく言った。

そして壊れた家の中に視線を巡らせた後、顔を背けた。覚悟はしていた。

「いつか、そういう日が来るって？」

「わかってはいたけど。うっ……、ふう。守りたかったなぁと思って、もうちょっと」

声を震わせ、苦しそうに息を詰まらせる。目は涙で潤んでいた。

上野さんにとって、実在するモノは、「記憶」よりも確かな存在のようだった。だから上野さんは、家族の痕跡が残るこの家を失うということを恐れていた。

「もし、この家がなくなってしまうと、4人のことを思い出せなくなるんじゃないか、ということですか？」

するとその私の問いかけが引き金となり、上野さんの気持ちが一気に溢れ出した。

「そういうのもねぇ、怖いんす。正直、もう、永吏可と倖太郎の声なんて覚えてないもんね。はぁ……。思い出すことが、できなくなってるし」

目に涙をいっぱいにためて、上野さんが深いため息を漏らした。口をぐっとつぐんで、感情を押し殺そうと必死だ。そして、ようやく、絞り出すようにして言葉を続けた。

「そういうのもあるから、どうしても……、怖いなぁっていうのもあるし」

子どもたちの声が聞きたくて、聞きたくてたまらない。しかし、記憶の中のその声は、想いに反し、いまにも遠くに消え去っていきそうだった。

私はもう一つだけ、思い切って尋ねてみた。おそらく上野さんにこの質問をするのは、最初で最後だろうと思いながら。

「あの、例えばですけど、1階が津波で被災していて、2階が無事で遺っていますよね。もしも仮に、亡くなった4人が、津波の時2階に逃げてくれていたらと考えたことは？」

この質問に、上野さんは即答した。

「考えたね。それは当然。だってもう2階は全然無事な状態なのでね。階段を上ればすぐだったからね。まぁそんなこと言ったら、みんなそうなんだけど。その『線』というか。どっかで生死を分ける『線』が生まれたんだろうとは思うんだけど。うん、考えるねぇ。……困ったものです。疲れちゃった。疲れちゃったね」

深いため息をつきながら、上野さんは苦しそうに笑みを浮かべた。

「参ったな。老けちゃうな、これじゃあな。まだまだ若いと思ってたけど」

そしてまた、新しいタバコをくわえると、ライターで火をつけた。

福島第一原発を前に

早朝から降り続く雨が、一層激しさを増す。四国沖には台風11号が接近し、その影響は東北にも1時間に80ミリ近い大雨をもたらしていた。上野さんの自宅の前も、一面が池のように浸水していた。

7月中旬のこの日、私は上野さんたちと一緒に福島第一原発構内の視察に参加することになっていた。東京電力は、事故後の廃炉に向けた取り組みを発信しようと、第一原発構内の視察として、地元の住民や団体を受け入れていた。今回、福興浜団も地域の復興支援に携わる団体として、視察の機会を得たのだった。

南相馬から車で集合場所の広野町に着くと、そこからは東京電力が用意したバスで、第一原発に向かう。大熊町の国道6号線を海岸方向に折れ、しばらく進むと正面に福島第一原発の排気筒が見えてきた。上野さんにとっては、震災後、初めて福島第一原発の構内に入ることになる。参加者は19人で、福興浜団の仲間の他に、大熊町の木村紀夫さんも一緒だ。

第一原発の構内に入ると、「入退域管理棟」へと向かう。到着すると、参加者はバスから降ろされ、一人ずつ「一時立入許可証」を渡された。

どんな重装備が必要なのかと身構えていたが、想像以上に簡易なものだった。服の上から羽織る薄い布製のベストと、首から下げるタイプの線量計、そして使い捨てマスクと布製の手袋を渡された。特に今回は、終始バスの車内からの見学になるため、ほとんど装備らしいものは必要ないということだった。

構内を巡るバスに乗り込むと、私は、上野さんと木村さん2人が前後に並んで座っている席の近くに座った。バスは、両脇に巨大なタンクが立ち並ぶ道を進んでいく。

視線の先に排気筒と原子炉建屋が見えてきた。車内では、東京電力の担当者から、現在の廃炉に向けた作業状況が説明される。

「3号機は水素爆発を起こしましたので、上部が瓦礫になっていましたが、この瓦礫、遠隔操作で全部取り終わりました。この辺りの線量は1時間あたり13マイクロシーベルトです」

海抜35メートルの高台から、バスはまもなく、原子炉建屋が並ぶ海側の海抜10メートルのエリアへ移動する。坂道を下っていくと、6基ある原子炉の建屋のうち一番南に位置する4

号機の建屋の足元にたどり着く。ここは津波が押し寄せ、実際に浸水した場所だ。上野さんや木村さんにとって、印象に残る説明が聞けた場所でもあった。

「バスは、海抜10メートルのエリアに降りて参ります。津波の高さは15メートルと言われておりますので、実質5メートルの高さ。このバスも飲み込まれるだけの高さです。ちょうど左手の建物、5メートルぐらいのところに黒い筋がついていると思います。あそこまで、津波が参りました」

津波が到達した痕跡が、黒い筋となり、原子炉建屋周辺の建物の白い壁にくっきりと残っていた。自分たちが乗っているバスも、天井まで飲み込まれる高さだ。家族の命を奪った津波と、第一原発とが繋がった。この視察の際には、より深刻な事故を起こした1~3号機を間近には案内してもらえなかった。おそらく線量がまだ非常に高かったためだろう。

構内の視察ルートをひと通り巡った後、バスの車内で上野さんと話した。やはり、思うところはあったようだ。

「津波以降ね、捜索ができなかったりだとか、町を離れなきゃいけなかったりだとかっていう部分に関してはね、もうすべて、この原発が悪いわけだから。やっぱり、いろいろ考えるところもあるよね。うん。……ところでさ、千晶ちゃん。晩飯は何食う？　ははは

っ」

そう言って、上野さんが笑う。今ここで、原発云々を語るつもりはないようだ。今日はた

だ、見たかった場所を見て納得し、早くも気持ちを切り替えていた。

この日の視察は、これですんなりと終わるかに思われた。しかしこの後、ある一つの発言が、参加者の間に波紋を広げることになる。

原発は必要か

第一原発の視察を終え、私たちの乗ったバスは再び、集合場所の広野町に戻った。そこは東京電力福島復興本社の拠点となっていたJヴィレッジだ。そこで質疑の時間が設けられ、主に復興本社代表の石崎さんが質問に答えた。今回の視察では、すべての行程にトップである石崎さんが自ら同行していた。すると参加者の一人が、こんな質問をした。

「東京電力さんでは、原発の再稼働を進めていく方針だと思われるんですけど、例えば、災害とか、同じようなことが起きれば、同じような被害が起こる可能性はあると思うんです。それを考えた上で、『やっぱり原発は必要』ということで、よろしいんでしょうか?」

参加者たちの席の最前列には、上野さんと木村さんが並んで座っていた。重苦しい空気が流れる。

「会社としてというよりも、私の考え、個人の考えを述べさせていただきます」

原子炉建屋周辺の建物に残る津波の痕跡。上野さん（左）と木村さん（中央）が眺める

こう前置きした石崎さんが、言葉を選びながら語り始めた。

「まず、同じような事故が起きればですね、当然、大変な被害がまた出てしまう。これは、事実だと思います。ただ、私どもは実際に事故を起こしてしまいました。それで、『どうして事故が起きたか？』ということは、社内でも、それから国内外でも研究者の方のいろいろな研究成果があってですね、逆に、『どういうふうにすれば、事故を防げるか？』っていうことを学びました。ですから私自身は、同じような事故はもう起こさない、と思います」

左腕に「東京電力 復興本社代表」と書かれた腕章をしている。〝個人の考え〟と前置きはしたものの、その発言は、東京電力の幹部の一人としてのものに他ならない。

「そして、私自身は、日本にとって原子力発電所は一定期間必要だというふうに思っています。なぜならば、残念ながら日本は石油資源がほとんどないですね。エネルギーは、海外からほとんど輸入してますんで、当社だけでも年間3兆円のエネルギーコストを支払っているわけです。お金を出して買えるうちは、まだいいと思いますけども。みなさん方の中で、第一次、第二次オイルショックを経験された方もいらっしゃるとは思いますが、私も経験しました。手に入らないっていう、やはりその恐怖ですね。これは、個人の恐怖っていうよりも、国全体の恐怖になりますんで。そういうことは二度と起こしてはいけないと、私は思ってるんです。必要悪かもしれませんけど、今は日本としては原子力に頼らざるを得ない、というのが私の考えです」

聞いている木村さんが、表情を硬くしていた。視線は石崎さんに向けるわけではなく、どこか一点を見つめている。隣の上野さんも、黙って下を向いている。さらに質問が続く。

「そのリスクが、原発の場合、今回もそうですけど、人の命、多くの命がすごく関わったという事実があると思うんです。そのリスクを冒しても、やはり今は、仕方がないと?」

「ええ、私は仕方ないと思っています」

さすがに、上野さんも険しい表情になる。石崎さんの説明が続いている。

「例えば、これ言うと怒られちゃうかもしれませんけど、石油を採掘するのでも、過去いろんな事故が起きています。石炭を掘るのにも、過去いろんな事故がありました。でも、そういうリスクを乗り越えて、やはり天然資源を採掘して、それをいろんな形で利用してきた歴史があります。そのリスクを乗り越えて、社会全体のために、どうしたら役に立つかっていうことを、特に電力会社としては考えるべきではないかというのが私の考えです」

視察が終わり、上野さんも木村さんも、石崎さんとは形式的な挨拶だけして、その場を後にした。

視察の後、しばらく経ってから木村さんに尋ねた。すると、こう口にした。

「『もう事故は起こさない』とかね、『原発はなくてはならないものだ』とかって言われちゃうと、うん。なんかね……」

木村さんは、そこで言葉を濁した。石崎さんの発言に否定的なのは明らかだった。私は少しだけ具体的に、質問をし直した。

「事故を起こした結果を真摯に考えているのか疑問、ということですか？」

「そう。だって真摯に考えてたら、ハッキリ『必要だ』とかって、俺は言えねぇような気がするんだけど。どうなんだろうなぁ……。まぁでもね、原発を必要としてるのも、動かしてるのも、自分たち、電気を使う側だからねって思っているんで、俺は。ね、みんな安く電気を使いたいんでしょうし。そうなってくるとやっぱね、企業側としても『原発で』っていうことになるんだろうから」

一方の上野さんの反応は、全く意外なものだった。視察から数週間ほど経った頃からだろうか、上野さんはこんなふうに話すようになった。

「あの石崎さんの言葉は、最初聞いた時にはね、『何言ってやがんだ、コイツは?』って思ったよ、当然。だけど、しばらくしたらね、なんか『正直だな』って思うようになったの。『正直な人だな』って」

石崎さんの発言について、むしろ好感を持って受け止めるようになっていたのだ。

「だって、あの視察の時、あの場でわざわざ、『原発は必要です』なんて言う必要ないんだもの。別にそんなこと、敢えて言わなくたっていい。なのに石崎さんは、自分の意見を正直に話した。それは、誠実な人なんだなと。この人は俺たちに、嘘は言わないだろうなって思ったの。信じられる人だろうなって」

普通なら、関係が決定的に壊れかねない発言だった。ところが上野さんは、そこに石崎さんの人間性を見たのだという。

この一件以降、上野さんの石崎さんに対する接し方は、変わっていったように思う。石崎さんという人を受け入れたと、私の目には映った。

じいちゃんの家

「じゃあ、お願いしまーす！　せーのぉ!!」

男性ボランティアたちが、かけ声と共にタイミングを合わせ、頭上に両手をかざす。持ち上げたのは白いテントの天幕だ。バランスを取りながら素早く、骨組みの金具を固定していく。毎年この時期、地元の小学校から借りているもので、大人6人がかりで10棟近いテントを一つずつ設置していく。

真夏の炎天下で進められていたのは、その晩に予定されている花火の準備だった。この日は8月8日。今年も上野さんたち福興浜団では、萱浜地区で追悼の花火を打ち上げることにしていた。メインの会場は、津波で一帯が流された被災エリアに差し掛かる、ちょうど境目付近にある広場のような土地だ。

上野さんはテントの設営を手伝いながら、みんなに指示を出しつつ、自分で投光器を押して会場内に配置して回る。会場の草刈りや駐車場のライン引きなど、何週間もかけて準備を整えてきた。

海の方角にかげろうが揺らめく。その向こうには、被災した上野さんの自宅の全形がよく見えた。こうして追悼の花火の日に、この家がある風景を見るのは、もしかして最後になるかもしれない。私は家のそばまで行って、ひしゃげたひさしの下に立ち、改めてその家を見上げた。

祭壇となっている玄関部分の頭上には、大きなクモが巣を張っていた。その巣が、やわらかな風を受け、ふわりふわりとゆれている。床に目を落とすと、廊下じゅうの一面にネズミの糞や鳥の糞が散らばっている。

家の奥まったところでは、ツバメたちが子育てをしていた。天井の照明の傘の上に作られた巣の中には、ヒナたちの頭が見え隠れしている。親鳥が餌を運んでくると、チィチィ、チィチィと一斉に声を上げ、口を目一杯開いてみせる。ここにも、命が宿っていた。

私が撮影していると、貴保さんが、祭壇の花瓶に新しい花を差そうとやって来た。倖吏生ちゃんも一緒だ。祭壇には、永吏可ちゃんや倖太郎くんの遺品など、たくさんのおもちゃが置かれていて、倖吏生ちゃんにとっては格好の遊び場になっている。

しばらくすると、無邪気に遊んでいた倖吏生ちゃんが急に立ち尽くし、無言になった。見つめる先には、錆び付いた2台の子ども用自転車がある。

「あれ？　コレだれの？　えりかちゃんとこうちゃんのじゃん！」

「そうだね。永吏可ちゃんと倖ちゃんのだね」

「あれぇ？　こわれてしまいました。それでもう、乗れなくなってしまいました……」

ピンク色の中型自転車と、オレンジ色の小型自転車だ。生前の永吏可ちゃんと倖太郎くんが乗ったものだと、たぶん貴保さんから教えられたのだろう。すると私に向かって、倖吏生ちゃんが尋ねてきた。

「この中に、なにがいるの？」

「ん？　なあに？」

「この中」

倖吏生ちゃんが指差しているのは、被災した家の祭壇の奥に広がる、薄暗い空間だ。中の様子を、恐る恐るうかがっている。

祭壇の部分は、実際には家の玄関で、その奥には廊下が続いている。壁に仕切られて直接は見えないが、さらに奥には台所や風呂場がある。しばらく、視線を部屋の奥に向けたまま佇んでいた倖吏生ちゃんが、独り言のようにつぶやいた。

「ばあちゃん……、ばあちゃんと、じいちゃんが死んでしまいました？　うみに、さらわれてしまいました？」

首を傾げ、まるでなぞなぞの答でも考えているような言い方をした。それで私は、倖吏生ちゃんの言葉に対して、こんなふうに返した。

「ここのお家は、前に、お父さんやお母さんや、みんなが住んでたんだよ」

「ここに？　……さりい、とか？」

「うん。さりいちゃんが、生まれる前」

「もうボロボロに、さらわれてしまいました。……じいちゃんと、ばあちゃんみたいな、おうちだったのになぁ！」

するとの次の瞬間、家の奥から、ツバメの親鳥がヒュンッと勢い良く外に向かって飛び出してきた。倖吏生ちゃんが視線を上げて、ツバメを見た。そして、立ち上がり歌い始める。

「ピィー！　ピヨ！　ピーヨ、ピヨ♪いち、にい、さーん！　さん、さん、たいようが〜♪チューチュー、チュチュー♪」

そうしてまた、祭壇のカゴの中から、別のおもちゃを手に取った。

この被災した自宅のある風景が、倖吏生ちゃんにとっては「日常」になっているのだと思えた。亡くなった家族のこと、そして命を奪った津波のこと。遺された家は、知らず知らずのうちに、倖吏生ちゃんに多くのことを伝えていた。

夏の夕暮れ時。日中の刺すような日差しから、やすらぎを与えるような空気に変わる時間帯がある。夜の涼やかな風が、昼の焼けるような熱気に溶け込んでいく時、黄昏時(たそがれどき)のこの心地よいひとときを作り出す。どこか遠くで、ひぐらしの声が響いている。目の前では被災した上野さんの自宅が、やわらかなオレンジの光に包まれて、ひっそりと佇んでいた。

そこから内陸に向かって400メートルほど離れた場所に、追悼福興花火の会場がある。かき氷やフランクフルト、スーパーボールなどのおもちゃを売る屋台が並び、賑やかな音楽のライブステージが始まっていた。

この日、上野さんは終始笑顔だった。福興浜団の仲間とふざけ合ったり、珍しくライブの観客に混じり笑顔で手拍子をする。顔は真っ黒に日焼けして、よく見ると被っているキャップのツバがボロボロになっていた。この日のために、駆けずり回ってきた証拠だ。

日が落ちて、次第に辺りが暗くなる。花火の打ち上げは、夜7時半。実行委員長でもある上野さんの合図で開始する。

「5、4、3、2、1、スタート!!」

一発目。歓声の中、パンパンと乾いた合図のような音が鳴り響き、七色の花火と眩しい光線が辺りを照らす。続けて、ひまわりの形をした花火が、次々に夜空に大輪の花を咲かせた。

倖吏生ちゃんは浴衣姿だ。黒地に大きなピンク色の花がたくさんプリントされ、そこに白いレースがあしらわれた、まるでドレスのようなデザインだった。女の子らしさが、年々増していく。今年は初めて、幼稚園の友達と一緒だった。賑やかなイベント会場からは少し離れた、自宅の目の前の道路の縁石に腰掛けている。

私は暗がりの中、再び被災した自宅の前まで行ってみた。玄関の祭壇は、ちょうど花火の打ち上がる南の方角を向いている。夜空の花火が、祭壇を照らす。そこに置かれた永吏可ちゃんと倖太郎くんの写真も、赤や緑の光に照らされていた。

クライマックスのスターマインが始まる。貴保さんに抱かれた倖吏生ちゃんが、怒濤のように打ち上がる花火に驚いた表情をしていた。途中で怖かったのか、少しだけ両手で耳を塞いでいたが、最後はそっと手を外し空を見上げた。ニコニコマークの花火が、空からみんなを見下ろしていた。

花火が終わると、上野さんはテレビや新聞の記者たちに囲まれて取材を受けた。5、6人の記者やカメラマンに混じって、私も上野さんの話す姿にカメラを向ける。

「今日もまた自分としては、ゆっくり花火を見る時間はすごく少なかったんですけど。でも歓声がね、子どもたちの声が、天国に届いたんじゃないかなぁと思っています」

にこやかに、質問に答えていく。毎年花火を上げる時には、どうしても涙が溢れてしまうという上野さんだったが、今年はようやく、笑顔のまま終えることができそうだった。

ここでひとりの顔なじみの記者から、こんな言葉が向けられた。

「上野さん、ひと言いいですか？　今日、ここに来られた市内の女性が言ってましたけど、『ここは、人が亡くなった場所ではあるけど、これだけ人が集まって、みんな笑顔で花火を見られたのは、とても幸せでした』って声があったんです」

すると、その言葉を聞いていた上野さんの表情が、途中からみるみる変わっていった。口を真一文字に結び、顔を歪めたかと思うと、涙が溢れそうになっていた。

上野さんは、「花火は、みんなに楽しんでもらえれば、それでいい」と、そう言っていた。それでも見に来てくれた人が、亡くなった人たちへの想いを汲んでくれることには、言葉にならない感慨がある。日焼けして汗で光る上野さんの顔が、裏方で動き続けた今日一日を物語っていた。

「すごく、そのね、嬉しいと思うし……」

話そうとして、言葉を詰まらせる。しばらくの間があってから、答えた。

「良かったと思います！」

清々しい表情をしていた。目には、涙が光っていた。

ここでまた元通りの笑顔に戻り、その場を去っていく。その上野さんの後ろ姿は、涙を拭っているように見えた。

震災の年から打ち上げ続けている花火は、この年もたくさんの笑顔に包まれ、そして最後には、ひと粒の涙によって幕を閉じた。

生かされない教訓

残暑が続く秋口の、ある晩だった。私は東京駅八重洲口発の夜行バスに乗り、福島を目指していた。翌朝6時過ぎには福島駅前に到着する予定だった。深夜、福島県に入ってまもなくの、いわき市あたりを通過していた時だろうか。真っ暗なバスの車内で乗客たちの携帯電話から、一斉にけたたましい警報音が鳴り出した。

外は雨のようだったが、緊急速報だろうか。その時には、よくわからなかった。

翌朝、私の乗ったバスは予定通り福島駅前に到着した。すでに雨は止んでいた。福島市在住の福興浜団の仲間に車で拾ってもらい、南相馬市の上野さんの自宅に向かう。この週末も、大熊町での活動が予定されていた。

福島市から南相馬市へは峠を越えて行く。しかし車を走らせてまもなく、私たちは足どめを食らうことになった。道路脇の田んぼの水が溢れ出し、冠水のために、そこここで通行止めが発生していたのだ。何度も迂回を繰り返しながら、通行できる道を探して回る。

北へ北へ、迂回路を探すうちに宮城県に入ってしまった。結局、常磐自動車道を通り、なんとか沿岸部の南相馬市まで辿り着くことができた。ここ数日の大雨の影響だった。

実は前日、私が東京駅前から夜行バスに乗車した9月10日には、関東周辺で記録的な豪雨災害が起こっていた。その日の朝には、栃木県と茨城県に大雨特別警報が発令されていた。そして午後1時前、茨城県常総市の鬼怒川の堤防が決壊したのだ。泥水が濁流となり、堤防を越えて溢れ出す様子は、テレビを通じて全国に大きく報道された。

翌11日に上野さんの自宅に着くと、リビングのテレビの前に座っていた上野さんが、ちょうどニュースを見ていた。画面に映し出されていたのは、前日に堤防が決壊した鬼怒川と、辺り一面が泥水に浸った街の光景だった。

逃げ遅れた多くの人が、自衛隊の救助艇やヘリコプターなどで救出されていた。国のまとめによれば、約4300人の住民が孤立し、こうして救助されたという。

「なんでみんな、こんなとこに居るんだよ！」

上野さんがテレビに向かって、悔しそうに言った。川沿いの住民たちが避難せず、取り残された挙句、救助されている。上野さんは、そのことに怒っていた。

「東日本大震災であれだけ大勢が亡くなったのに、全然教訓になってねぇんだな」

翌12日の土曜日、私たちはともかく予定通り大熊町に向かった。天気はすでに回復し、時折晴れ間ものぞいていた。ところが熊川地区に着くなり、悲惨な光景を目の当たりにすることとなった。

「あらら。ダメだこりゃ」

「わー。水没してますね」

「ホントだ。これ、種蒔きどころじゃないね」

車内のみんなが、ため息まじりに言った。この日、大熊町では菜の花の種を蒔くという計画だったのだ。種蒔きをするはずだった木村さんの自宅前の田んぼは、一面が水没し、沼地のようにぬかるんでいた。とても種蒔きどころではなかった。

種蒔きのあてが外れた分、いつも通り海岸へ行って瓦礫の捜索をした。前日までの大雨の影響で、海岸の地形も変わっていた。運ばれてきた砂が堆積している場所もあれば、消波ブロックの下がえぐれて沈み込んだような箇所もあった。波打ち際では、激しい白波がしぶきを上げている。しかし遠くの海面は穏やかで、日差しを受けてキラキラと反射していた。

波打ち際から陸側に30メートルほどの、海の目の前にある瓦礫の山を捜索する。積み上がった瓦礫からは、汐凪ちゃんの遺品も数多く見つかっていた。こうした遺品を、木村さんは同じ地区にある壇家のお寺の一室を借りて保管していた。

部屋に入ると、三方の壁沿いにぐるりとテーブルが置かれ、見かった遺品や写真など数十点が並べられている。中でも木村さんにとって大きかったのは、震災の翌年に見つけたという汐凪ちゃんのスニーカーだった。ピンク色の生地に、濃いグレーの縁取りというデザインで、見つかったのは片方だけだった。津波に遭った当日に履いていたものだという。

それを、両手で大事そうに包んだまま、木村さんが言った。

「汐凪が、そこにいるかもしれない……」

2015年9月のこの月から、大熊町の「帰還困難区域」には、一時帰宅の住民が年間30回まで立ち入れるようになっていた。それまでは年間15回だった。しかし、入れる回数が増えたところで、手作業による捜索では、やはり成果は見えなかった。

一方、茨城県の鬼怒川決壊など関東北部での豪雨による水害は、徐々に被害の全貌が明らかになってきた。国のまとめによれば、栃木県や茨城県などで、合わせて8名の死者を出し、19の河川で堤防が決壊したという。中でも鬼怒川が決壊した常総市では、茨城県のまとめによると、全壊の家屋が50棟、大規模半壊と半壊を合わせると3687棟、床下浸水が2264棟という被害を出していた。市の3分の1にあたる40キロ平米が浸水し、市役所も浸水によって孤立する事態となった。

週明けになると、常総市でもボランティアセンターが立ち上がり、家屋の泥出しや水に浸かった家財道具の片付けなどに、多くの人手が必要になった。

発災当初の報道こそ、苦々しく思いながら見ていた上野さんだったが、内心は一刻も早く現地での手伝いに入りたい気持ちだった。

「被害があった以上、助けなきゃって思うし。できることはやろうっていう気持ちはあるからね」

そして発災から1週間後の週末、上野さんは福興浜団として、被害の大きかった常総市に入った。福興浜団に来ている主要なメンバーの何人かは、茨城県在住だった。そういった人たちは自分の知人や会社の同僚の家などが被災しており、片付けを手伝って欲しいという依頼を、住民から直接受けている人もいた。そうした家に、優先的に片付けに入った。

床板を剝がし、床下の泥を掻く。それができない部分は、ヘッドランプを装着し床下に潜って泥出しをする。東日本大震災の津波被災地域で経験をしてきたボランティアたちは、慣れた様子で手際よく作業を進めていく。手伝いに入った家の人の中には、2階に避難したため孤立してしまい、実際に救助されたという人もいた。

この時の水害は、上野さんにとって、一つの想いを強くするきっかけとなった。それは、東日本大震災の「教訓」を生かして欲しい、という願いだった。

「東北のことを、東海とか東南海地震の津波に備えるっていうので、多分、日本人は教訓にはするんだろうって思ってたの。でも常総を見た時に、誰も教訓になんてしてねぇよなぁと思って。あれだけ、『危ないよ、危ないよ』って言ってても、川沿いでもみんな家に留まって、避難してない人があんなにいるってことが、とにかく、がっかり来た。もう信じられなかった。別にあれは常総に限ったことではなくて、あれが多分ね、日本人の考え方なんだなぁと思って。そこでまた、あとで後悔する人が出て来るわけだからねぇ。大切な人を亡くしてさ。その後悔とかって、俺としては、ホントに誰にもして欲しくないと思ってるから」

災害が自分の身に迫っても、なかなか避難しようとしない。そんな油断や甘い考えを持つ人が多い状況を目の当たりにすると、家族を津波で失った上野さんは、まるで自分の家族の死が無駄になったように感じるという。

この訴えは、上野さん自身の強い願いとして、その後、各地の講演会の場でも語り続けていくことになる。

映画制作と福島の応援団

昨年末に静岡県に引っ越していた私は、この9月にようやく新たな一歩を踏み出そうとしていた。映画の制作資金を募るため、クラウドファンディングに挑戦することを決めたのだ。クラウドファンディングとは、インターネット上に自分のプロジェクトを公開し、賛同してくれる人たちからネット経由で資金を募るという資金調達の仕組みだ。

会社を辞めたことで、確かに自由になる時間は増えた。しかし、早くも経済的な苦境に見舞われていた。映画の完成どころか、その前に資金が底をつくのではないか。そんな危機感さえ感じ始めていた。

収入が途絶え4か月が過ぎた頃、ようやく失業保険の給付が始まった。しかし、それも3か月で終わり、この9月には再び無収入となっていた。

当面は貯金を切り崩して生活費に充てていたが、この中からさらに、毎月最低10万円はかかる福島への旅費を捻出し続けなければならない。一刻も早く映画完成の目処を立てなければ、福島に通うどころか、自分自身の生活さえも滞るのは時間の問題だった。

そんな状況に一つの転機が訪れた。きっかけとなったのは、まだ失業保険の給付中だった7月に、偶然、昔の知り合いと再会したことだった。新卒で私が最初に入社した静岡放送時代の同僚で、いまは主婦をしているという後輩だった。2人で食事をしながら、私がすでに中京テレビの仕事を辞め、一人でドキュメンタリー映画を完成させるつもりだと打ち明けた。

すると、彼女の方から私の手伝いをしたいと申し出てくれたのだ。そんな後輩からの提案で、クラウドファンディングに挑戦してみようということになった。

しかし、私の中には少なからず抵抗があった。それまでは、福島行きの旅費も撮影機材もすべて自分で用意してきた。誰の手も煩わせてはいけないという考えだった。ましてや、見ず知らずの誰かに資金を援助してもらってまでやるべきなのだろうかという、ためらいの気持ちがあった。

「笠井さん、そこは頼っていいんですよ！」

そう言ってくれた後輩の言葉に背中を押され、ようやく一歩を踏み出したのだった。

クラウドファンディングというのは、始めるのは簡単でも、実際に目標金額を達成するのは一握りだと聞いていた。まずは70日間で、映画の制作資金として120万円を集めるという目標を設定した。内訳は、福島への旅費を含む取材費、スタジオを借りて映像の仕上げをする作業費、チラシやパンフレットなどを作る広報費、あとは完成後の試写会の開催費用などだった。資金を援助してくれた支援者には、金額に応じてお礼の品を送る。実はそうした返礼品の半分くらいは、上野さんの気持ちで、福興浜団に提供してもらったものだった。

こうして2015年9月29日正午、ネット上でプロジェクトを公開した。

クラウドファンディングのメリットは、資金を集めるのと同時に、自分の応援団を募ることにもなるという点だ。いざ始めてみると、支援してくれる人の多くは福島など、私が震災後に足を運び続けていた東北で出会った人たちだった。福興浜団の仲間の何人かも支援者として寄付を寄せてくれた。

「今まで撮影してる姿をずっと見てて、心配だったけど応援する手段がなかったから。やっと応援できて嬉しいよ」

そんなふうに言ってくれる仲間もいた。福島に関わる人たちが映画の完成を心から望んでくれている。その中には、上野さん一家のように、福島県沿岸部の津波で幼い子どもを亡くしたご夫婦もいた。なんとしても映画を完成し、支援してくれた人たちの想いに応えなくては。

こうしてまた気持ちを新たに、私は福島に向かうのだった。

運動会の夜に

10月に入ると、福興浜団では菜の花の種蒔きが始まる。腰をかがめて作業するみんなの姿を遠目に見ながら、私は倖吏生ちゃんと2人、津波で更地になった萱浜を散歩していた。

「おおーい!! みんな、元気ぃ?!」

倖吏生ちゃんがみんなに向かって、びっくりするほどの大声で叫んだ。前の月に4歳になったばかりだ。すると気付いた何人かが手を振り返してくれる。上野さんの姿もあった。来年の春も、ここは一面の菜の花畑に覆われるのだろう。

東の方角に目をやると、遠く海岸を見渡すことができた。南相馬市沿岸部の復旧工事は、この年の夏頃から急激に進み、盛り土を覆う堤防のコンクリートが姿を現していた。そのせいで、以前のようには水平線が見えなくなっていた。上野さんの自宅前の道路では、大型トラックがひっきりなしに行き交っている。一台が、倖吏生ちゃんの真横を砂埃を上げて走り去っていった。

この日の午前中は、幼稚園に通い出した倖吏生ちゃんにとって初めての運動会だった。上野家にとって運動会といえば、震災の前の年、当時2年生だった永吏可ちゃんの小学校での運動会以来だ。永吏可ちゃんは引っ込み思案な性格で、駆けっこでは他の友達がスタートしたのを見てから、やっとスタートするような子だったと、上野さんがよく話していた。

雲一つない秋晴れの空のもと、グラウンドの真ん中に整列した年少組の園児の列に、倖吏生ちゃんがいた。観覧席で見守るのは、上野さん夫婦と何人かの福興浜団の仲間だ。

「うえのさりいさん！」

「はいっ!!」

左手を元気よく上げながら、全力で返事をした。まもなく駆けっこが始まる。

「よーい、パーン！」

合図と同時に、子どもたちが一斉に走り出した。

わずか30メートルほどの直線コースだったが、倖吏生ちゃんは他の子どもたちの勢いに押され、後れをとる。走りながら、なんとなく周りを見ているうちに差は開き、みるみる置いていかれた。そんな姿がむしろ微笑ましく、みんなで笑いながら声援を送る。

結局、最下位でゴールした。競い合うのは、あまり得意ではないようだ。姉の永吏可ちゃんとも、やはり似ているのかもしれない。

他にもお遊戯や玉入れなど、倖吏生ちゃんが登場する度、上野さん夫婦はいつになく嬉しそうにしていた。


その翌日のことだ。日が暮れて、夕食を待つ間のひと時を、家族そろって自宅のリビングで過ごしていた時のことだった。前日の運動会の話題になると、貴保さんが思いがけない行動に出た。戸棚からＤＶＤを持ち出してきて、突然再生し始めたのだ。

大きなテレビ画面に映ったのは、7年前の運動会の映像だった。震災前のホームビデオだ。長女の永吏可ちゃんが、倖吏生ちゃんと同じ大甕幼稚園に通っていた頃の映像だった。その

幼稚園に入って初めての運動会。倖吏生ちゃんの頑張りにみんなで声援を送る

場には、貴保さんと倖吏生ちゃんと私、そしてテレビの正面のソファに上野さんがもたれていた。

上野さんは震災以降、亡くなった子どもたちの写真やビデオをまともに見ることができなくなっていた。子どもたちのことが思い出され、怖くて見られないのだという。しかし貴保さんが急に映像を再生したものだから、上野さんも席を立つ間がなかった。

貴保さんの方は、写真も映像も見ることは平気だった。震災後はむしろ、どんな写真や映像が残っているか、貴保さんがひと通り見て確認したという。

画面には、運動会に参加する永吏可ちゃんの姿が映し出される。倖吏生ちゃんの運動会とも重なり、貴保さんが思い出しながら話し始めた。

「永吏可ちゃん、ちょっとやる気のなさそうなのは、倖吏生と一緒」

「おおみかようちえん？」

倖吏生ちゃんも、見覚えのある風景に気がついた。すると貴保さんが答える。

「そう。大甕幼稚園」

倖吏生ちゃんは嬉しそうに立ち上がり、画面の近くに寄っていく。

「こうちゃんは〜？」

「倖ちゃんはいないなぁ。この時はまだ、倖ちゃんは生まれてません」

上野さんは、そんな2人の会話を聞いているのか、いないのか。無言のまま、不自然なほどに押し黙っている。

10分ほど映像が流れた時、ようやく上野さんが、ささやくように言葉を発した。

「ばあちゃんの声だな……」

画面上に姿は見えないが、上野さんの母・順子さんの声が入っていたようだ。おじいちゃん、おばあちゃんも揃って運動会を見に行っていたのだろう。しかし上野さんは、子どもたちのことには一切触れようとしない。

すると貴保さんが、ふいに上野さんに向かって尋ねた。

「どうして駆けっこは撮っていなかったんだっけ？　なんか、気付いたらもう終わっちゃったんだっけ？」

上野さんは答えない。その後は次々に、昔の自宅での風景が映し出される。永吏可ちゃんの4歳の誕生日や、夏の庭先で花火をする姿、クリスマスツリーの飾られた部屋など、ありふれた家族の日常が収められていた。貴保さんは一体どんな想いで、ビデオを再生したのだろうか。

すると、画面の中の永吏可ちゃんが呼んだ。

「パパ！」

上野さんは身動き一つせず、じっと画面を見つめていた。サングラスをかけていて、その奥の目線や表情まではうかがえなかった。

前に上野さんが上映会で登壇した時だったろうか。「本当はもう一度、『パパ』って呼んでほしい」、そう話しているのを、私は何度か聞いていた。

すると永吏可ちゃんの声に反応したのは、倖吏生ちゃんだった。

「さりぃの、パパって言ってんの？　さりぃのパパって言ってんの？　ねぇ、お父さん！」

すると今度は、弟の倖太郎くんも出てきた。生まれたばかりの赤ちゃんの頃の映像だ。倖吏生ちゃんが、貴保さんに向かって質問する。

「さりぃちゃんは、どこだよぉ？」

「倖吏生ちゃん、これには出てこない。全然出てこない。倖吏生ちゃん、いないも－ん」

「まだ、さりい、おなかの中にいるの？」

「お腹とか、いない、いない」

貴保さんの説明に納得せず、倖吏生ちゃんがぐずり出したところで、ビデオ再生は終了となった。上野さんは、相変わらず無言だった。いつもならすぐに吸い始めるタバコを、この時は一本も吸うことはなかった。

私は後日、気になって上野さんに尋ねてみた。

「この前、ビデオ観てる時、大丈夫でした？」

「あははっ。俺、ずっと無言だったもんなぁ。あの後、すげえブルーになってたんだから。それで倖吏生が、永吏可に見えてしょうがなかったの。その後、晩ご飯食べに行った時も、倖吏生が、永吏可のような気がしてしまって。なんかねぇ、ホント困ったよね。『なんで、永吏可はいねえんだろう？』って。やっぱり思ってしまうなぁ」

吸っていたタバコの煙を吐きながら、上野さんが一つ、深いため息をついた。

私が毎月のように上野家を訪ねると、この頃の倖吏生ちゃんは私が来るのを待っていて、決まって2階に連れて行きたがった。そこには、ぬいぐるみや絵本など、お気に入りのおもちゃがたくさん置かれている。

その中に、カラフルにペイントされた小さな木製のキッチンセットがある。調理台の上にコンロが描かれていて、フライパンやお皿、フライ返しなど、おもちゃの調理器具が付いている。

「ちぃちゃん、こっち！　……ジャジャーン!!」

ある日、倖吏生ちゃんが得意げに見せてくれたのが、そのキッチンセットだった。

「サンタさんがくれたんだよ。キッチンだよ。いっしょにやろうキッチン！　まずは、たまごぉ〜♪パカッ。シャッカシャッカ、シャッカシャッカ、ホットケーキ〜♪」

1年前にサンタさんにもらったこのプレゼントは、倖吏生ちゃんの自慢だった。11月のある日、貴保さんと倖吏生ちゃんが2人で過ごしていた時のことだった。

「サンタさんにもらったキッチンセットであそびたい！　だから、2階に行こう」

「2階には行かないよ。ほら、ママは外でお仕事するよ」

そう言って貴保さんは、倖吏生ちゃんをなだめていた。そんな流れから、なんとなく今年のクリスマスの話題になったのだという。

「今年はクリスマスのプレゼント、サンタさんに何お願いするの?」

貴保さんが尋ねると、少し考えて、倖吏生ちゃんが答えたという。

「うーん……、えりかちゃんとこうちゃんに会いたいな!」

それを聞いた貴保さんは、その場限りの適当な返事をしたり、事実をあいまいにはしなかった。

「それは難しいよ。サンタさんでも、さすがにそれは無理だなぁ」

「じゃあ、ふなっしーのおもちゃか、はらぺこあおむしのおもちゃ!」

倖吏生ちゃんの中で「2人に会いたい」という言葉は、もうすっかりどこかへ行っていた。無責任に期待させるような言葉を言わないのが、貴保さんという人なのだと思う。貴保さん自身にだって、きっと「会いたい」という本音があるだろうに。

「夢にくらいなら出て来て欲しいって言っても、『お母さんのところにも夢に出て来ないから、倖吏生のところには、夢に出てくるのはちょっと難しいんじゃない?』って言ってね。ましてや、倖吏生は2人に会っていないわけだし。一緒に遊んだ記憶が存在するわけじゃないからね。だから倖吏生の夢に出てくるってことは、ちょっと難しいねって言いました」

倖吏生ちゃんが、2人に会いたいと口にしたことは、上野さんにも話したという。

「そんな話をしてたよって言ったら、またパパはブルーになってる。そう、基本的に『また死にたくなった』とかって言ってたけど」

「上野さんが？」

「うん『死にたくなる』とかって」

上野さんは、最近も復興組合の仕事で瓦礫拾いをしていた。このところ、自宅を見渡せる周辺で作業する日が続いたというが、そのせいで、また津波のことを考えるようになってしまったという。

陸地に流れ込んだ津波は、地形に沿って奥まで入り込み、その後一旦引き戻され、また第二波が来ると、陸地の奥まで波が押し寄せるのを繰り返す。瓦礫拾いをしている場所は、ちょうど津波の通り道だったというイメージが、上野さんの中にはあるようだった。貴保さんが続ける。

「家の後ろとかで瓦礫拾いしてたりすると、パパは、『そこの区域で拾っていると、なんか永吏可と倖太郎のことを考えちゃって、嫌なんだよねぇ』なんて言ってたりする。みんなが津波で、どんな感じで流れていったか想像しちゃうのかな。永吏可の遺体が見つかった場所から考えて、一旦奥の方に流れて、こう引き戻されて来たっていう、きっと、その経路を考えてしまうのかな。私の方は、全くそんなこと考えないですけどね」

上野さんなら、震災以降の捜索で、この周辺はくまなく歩いたはずだ。それでも4年半経った今頃になって、その付近で仕事をしているだけで深く考えてしまうというのだ。

この話題の後、思いがけず震災当時のことに話が及んだ。そして、まだ聞けていなかった貴保さんの、震災翌日から数日間の体験を話してもらうことになったのだった。

娘が発見された日

「私は、津波は全然見てないから。結局もうね、あとの残骸しか見てないから」

貴保さんは地震の時、看護師として働く職場にいた。勤め先は、南相馬市の中心部に近い内陸の病院で、津波の恐れは全くない場所だった。

震災で修羅場のようになった病院から、混乱の最中に自宅に何度も電話をかけていた。そのうち一回が、たまたま繋がった。そして悲鳴だけが聞こえて切れたのを最後に、まったく繋がらなくなった。4人の安否がわからず不安を募らせながらも、夕方6時頃に上野さんが迎えに来るまでの間、仕事を続けていたという。

震災当時のことを貴保さんから聞かせてもらったのは、2014年の3月11日に一度きりだった。それから1年8か月、貴保さんの気持ちを考えると、私にはずっと話題にすることができずにいた。

「結局地震でね、病院の中の物も倒れたり、人工呼吸器とか、そういった電気系統の装置を付けている患者さんの点検とか、いろんなことがあるんで。基本的にね、自宅の方にあんまり意識はね、向ける余裕がなくて。もう、バタバタしてたんで」

貴保さんは震災当日に、萱浜の自宅に戻ることはできなかった。翌日以降、最初に戻った時、よく知る萱浜の風景はどこにもなかった。辺り一面は浸水し、泥や瓦礫に覆われていて、車では自宅のそばまでは入ることさえできなかったという。

「泥とか、もうグジャグジャだったんで、遠くから歩いて行ったんです」

この時は、無事だった自宅の2階に置いてある、貯金通帳や印鑑などを確認するために自宅に戻ったのだった。

「自宅の2階に上がって、とりあえず荷物で持って行けるものは持って行こうと。その荷物の作業をしてる時に、『自宅の後ろで、永吏可が見つかった』って言われたんです。だから結局、ちょうど私が荷物を取りに来た時に、永吏可は見つかったという感じですね」

貴保さんが、当時身を寄せた南相馬市内の実家から萱浜の自宅に戻った、まさにその時、永吏可ちゃんが発見されたのだった。

「永吏可はね、ホントにそのまんまで。むくんでるわけでも、傷があるでもなかったから」

夫婦揃って、永吏可ちゃんの遺体に対面した。損傷はほとんどなく、見てすぐに本人だと確認できた。2人して、顔に付いた泥を拭いてあげたり、下がっていたズボンを直してあげたという。3月13日のことだった。

そして上野さんが遺体を抱きかかえ、消防の車で安置所に運んだ。貴保さんは、自家用車で追いかけた。

「永吏可が見つかって、13、14日……。それで茨城に避難したのは16日以降かなって思うんですよね。それまでは何回か、安置してる葬祭場に、永吏可の顔を見に行ったりはしてたんです。で、やっぱり時間が経つと、ちょっと腐敗してくるので。いくら寒いと言っても、ちょっとこう変色して来たりとかして。うん。緑がかってきたりしていて。ドライアイスでも入れられる状況だと、まだちょっと違ったんでしょうけど。さすがにね、遺体の数が数だし。ドライアイスもないので、そのままだったから」

貴保さんは当時、自分自身の体調が決して良かったわけではない。妊娠4か月となり、つわりが酷く、体は食べ物を受け付けない。病院に行って点滴を受けながら過ごしていたという。そんな身重の体で、8歳の娘の死という現実に向き合わねばならなかった。

しかし目の前の貴保さんは、当時のことを、むしろ冷静に淡々と語る。

「遺体が見つかったとなれば、まず検死で。それが終わったら、遺体の引き取りで、葬儀屋さんに預けるとか預けないとか、そういう手続きとかもあったので。あとは病院に死亡診断書を書いてもらいに行って。そういうのを、バタバタとしたのかな。パパは結局、捜索でずっと萱浜だから」

「じゃあ、そういう手続き関係はすべて貴保さんが?」

「全部私が。基本的にパパは、手続き関係は一切何にもしてない。ホントに、『自分は、萱浜に行く』っていう行動しかしてないから」

貴保さんは3月14日に福島第一原発の3号機が爆発した後、上野さんや実家の両親など周囲に促される格好で、避難するということになった。避難先の茨城では、上野さんと常に携帯のメールなどで連絡を取り合っていたという。

「今日は誰かが見つかったとか、見つかんない、ダメだったとか。そういう話題で連絡はとりあえず、毎日してたかな。……その時もね、パパは『死にたい、死にたい』とかは、よく言ってた。『自分もホントだったら、飛び降りて死にたい』とかさ、なんか『いつ死んだっていいんだ』みたいな話題はよく言ってたから」

しかし一番待ち望んでいた、倖太郎くん発見という知らせが届くことはなかった。

3月末になり、結局は一緒に避難していた両親が南相馬に戻るのと共に、貴保さんも戻ってきた。茨城に避難していた期間は、わずか2週間ほどだった。その後しばらくは実家で生活し、仮設住宅への入居が決まった。そして震災から半年後の9月16日、南相馬市内の病院で倖吏生ちゃんを出産したのだった。元気な産声が響き、授かったのは2408グラムの小さな命だった。

そんな貴保さんに、いまの望みは？　と尋ねた。

「倖吏生が大人になるまで成長を見たい、ということぐらいかな。ちゃんと見届けないといけないなぁ」

今度こそ。そう言って、にこやかに頷いていた。

萱浜の夕日は、美しい。海とは逆の内陸の山々に沈んでいくその夕日を、私は時々上野さんたちと眺めることがある。よく晴れた日は、まん丸く大きな太陽が、オレンジのまばゆい光を一身に蓄えて、名残惜しそうにゆっくりと山際に消えていく。

目の前には、萱浜の夕日に照らされた一軒の被災家屋がある。その窓ガラスに夕焼けの太陽が映り込み、眩しく光を反射している。まるでその家が命を吹き込まれているようだった。震災直後の上野さんたちは、この夕日を、一日の捜索終了の合図として、何度恨めしく眺めたことだろう。

この日、辺りが暗闇に包まれ始める萱浜で、まだ作業を続ける人たちがいた。福興浜団の仲間たちがイルミネーションを設置していた。上野さんの姿もある。今年の新しいデザインは、大きくひらがな3文字を描いた。その前に立つ貴保さんが、倖吏生ちゃんを抱っこしながら話しかけている。

「なんて読むの？」

倖吏生ちゃんが、すこし自信なさそうに答える。

「え……」

「それから？」

「が……」

少し間があって、最後の一文字を大きな声で読んだ。

「お！」

「そうそう！　じゃあ、続けてよむと？」

「えがお！」

倖吏生ちゃんを抱いた貴保さんの姿が、シルエットで浮かび上がる。その背景の空の色は、オレンジ色から、今まさに濃紺の闇に移り変わろうとしていた。ゆりかごのように揺れる2人の姿は、暮れ行く今日一日が、平穏に終わろうとしていることを象徴していた。

完成したのは、青と白と緑色の電飾が光る大きな「えがお」の文字だった。遠く海岸の方からもよく見えた。悲しみに支配されそうな闇を照らす、家族の小さな抵抗の光だと思った。

初めての家族写真

上野さんと出会って丸4年、その後、貴保さんや倖吏生ちゃんと出会い、映像を記録してきた。その過程で、私は上野さん一家を通して、一つの「家族」の姿を伝えたいと思うようになっていた。

津波によって、ある日突然いなくなった4人と遺された夫婦、その後生まれた次女という家族構成は、亡くなった命と遺された命の交錯する歳月によって、一つの物語を紡ぎだしていた。そんな家族の姿を、私のカメラは現在進行形で記録してきた。しかし家族を描くために、足りないものがあるような気がしていた。

12月に入ってすぐのある日、私は上野さんに一つのお願いをした。

「もし良ければ、家族で写真を撮りませんか？　4人の遺影と一緒に」

私が足りないと思ったのは、家族7人全員が揃った家族写真だった。それは、震災前には撮ることが叶わなかった写真だ。

なぜなら、倖吏生ちゃんは震災の時には、お腹の中にいた。生まれた時、4人はすでに、この世からいなくなっていた。いまは遺影の写真の中で微笑むだけの4人の顔を毎日見ながら、倖吏生ちゃんは、会ったことのない家族を想い続けている。

逆に4人もまた、生まれてくることを知りながら、倖吏生ちゃんと対面することなく逝ってしまった。互いにすれ違い、会うことが叶わなかったが、やはり上野家は「7人家族」なのだ。そんな家族写真の撮影は、私なりに、家族全員に揃って欲しかったという願いを込めて提案させて貰ったことだった。

12月中旬、撮影当日が来た。私の方で、スチール写真のカメラマンを依頼していた。選んだのは、元大手新聞社のカメラマンで、現在は福島に移住してフリーのフォトジャーナリストをしている岩波友紀(いわなみゆき)さんだ。取材のために上野さんの自宅にもよく出入りしていて、上野さん一家とは顔なじみだった。

貴保さんが祭壇に並ぶ4人の遺影を床の上に下ろし、撮影のためにと、きれいに拭き始めた。それを見て倖吏生ちゃんが、すすんで手伝い始める。上野さんも加わって、親子3人で拭いていく。拭きながら、倖吏生ちゃんが写真の中の喜久蔵さんに話しかけた。

「じいちゃん、だいじょうぶ? お水にぬれて」

冷たい水が寒くないかと、おじいちゃんを気遣ったのだ。それを聞いていた貴保さんが、笑いながら言う。

「じいちゃん大丈夫? お水に濡れてって? じゃあ、温かいので拭いてあげなよ」

するとそれを見ていた上野さんが喋り出す。

「なんかコレ、じいちゃん、うんと白髪出てるような気ぃすんな。こんなに白髪だったたっけかなぁ？　じいちゃん」

遺影は毎日目にしているはずだが、改めてじっくりと見るのは久しぶりだった。この日は、とにかく倖吏生ちゃんが誰よりも積極的で、それに助けられた。

「さりい、えりかちゃんすきだから、えりかちゃんもってんの」

早々と永吏可ちゃんの遺影を抱っこした。すると貴保さんが、倖太郎くんの遺影を手にして言う。

「倖ちゃんは、男の子だからぁ。倖ちゃんは、お母さん子ですよ。お父さん子じゃない」

「えりかちゃん、さりい子！」

「永吏可ちゃん、さりい子？　あははは。そうなのぉ？」

笑いながら返す貴保さんもまた、これから写真を撮ることを承知して、受け入れてくれているようだった。

倖吏生ちゃんが遺影を抱えて表に走り出る。10分ほどの撮影の間、終始ご機嫌だった。上野さんが両親の遺影を両手で持ち、貴保さんが倖太郎くんを、そして倖吏生ちゃんが永吏可ちゃんの遺影を持った。3人が並んだ背後には、喜久蔵さん自慢の我が家がある。家族の思い出が刻まれた大切な家だ。

こうして、家族7人での初めての家族写真を撮影したのだった。私が長く取材する中で伝えたいと思った「家族」の姿が、一枚の写真の中に収められた。

朽ちかけた被災家屋と遺影という組み合わせは、深い悲しみに満ちている。対照的に、そこに写る家族3人の表情は、意外にも穏やかに微笑んでいた。震災後を懸命に生きてきた日々の積み重ねこそが、3人をこのような表情にさせたのだと思う。この笑顔の重みを、観る人にわかってもらうことが、私自身の映画制作のゴールでもあると確信した。


9月に始めたインターネットのクラウドファンディングは、この12月まで続いていた。福島に足を運ぶ度に、自分が公開しているプロジェクトのページに「新着情報」として、福島での撮影の様子を報告していた。

結果的に、私のプロジェクトは公開から10日後に、目標の120万円を達成していた。随分早い達成のように見えるかもしれないが、このくらいのペースでなければ実際には目標達成は非常に難しいのだという。残りの60日間、さらに次の目標を200万円に設定し、引き続き支援を募っていた。

こうして70日間が終わり、最終的には150人あまりの支援者から236万円の寄付を頂いた。集まった資金が実際に振り込まれるのは、年明け以降の2か月先だ。それまで何とか、残り少ない貯金を切り崩しながら、しのがなければならないが、ひとまず来年いっぱい福島に通うだけの資金を賄うことはできそうだった。

自らの決断で

前日までの雪で見渡す限り真っ白に覆われた萱浜に、青空が戻ってきた。この日は、朝から雲一つない晴天で、降り注ぐ日差しが地表の雪に反射して光っている。冬を越す菜の花の株が、ところどころで雪から緑色の葉を覗かせていた。

年が明けた1月31日。上野さんの被災した自宅が、最後の日を迎えた。明日からは、いよいよ解体作業が始まる。福興浜団の仲間の一人が、持ってきた花を被災した家の祭壇に供えた。そして、みんなで片付けに取り掛かる。

かつて捜索活動の休憩所として使われていた1階の居間は、雨風をしのぐために塞いでいた海側の板が、すでに取り外されていた。室内を見上げると、天井には泥の跡が、いまもくっきりと残っている。津波のヘドロの波しぶきが、激しく打ち付けた跡だ。

上野さんが玄関部分の祭壇に手を付ける。震災から5年近く、ここを訪れる人たちがみな手を合わせてきた場所だ。仮面ライダーの人形やぬいぐるみ、子ども用の壊れた自転車など、所狭しと並んでいる。永吏可ちゃんと倖太郎くんが実際に使っていたものだ。

すべてを取ってはおけないから、選別しなくてはならない。上野さんが深いため息を吐く。一つ一つに思い入れがあり、片付けの手が進まない。

「取っとく。倖太郎と、永吏可が使ってたヤツは」

上野さんが、近くにあった布製のバッグを手に取って眺める。

「これは、永吏可が使ってたヤツだ。……そのままにしておくかな。ね、洗わないでね。俺コンテナをもう1個買おうと思ってんだけど、猛反対にあってるの」

物を保管するコンテナを増やしてでも取っておきたいと言ったら、貴保さんに叱られたという。家の解体のことも、本音では、まだ未練が断ち切れない。

「解体は、最後は上野さんが自分で決めたんですか?」

「そう。市役所に電話して、『解体作業に入ってください』って。やっぱりこれ以上、自分の我がままで迷惑もかけられないっていう部分もあるし。しょうがないと思うようにして。だから今は、この家が壊れてなくなってから、どうするか?　っていうことを考えるようにはしていいます。うん、しょうがない」

自分を納得させるように、上野さんは何度も一人で頷いていた。

昼近くなり、祭壇を半分ほど片付けたところで、上野さんがなんとなく私の方に目配せしてくるのに気付いた。そして、私の側で小さくこう言った。

「行くよ」

すぐに察して、黙って付いていく。最後に遺された場所を、見に行くということだ。

祭壇を片付けた玄関から見て、正面の廊下を入った左手に一つの扉がある。今まで一度も開いているところを見たことがなかった扉だ。開けると、急勾配の階段が現れた。私にとって、初めて見る階段だ。

上野さんの後に続いて、私もゆっくりと上っていく。ギシギシときしむ音がする。

「千晶ちゃん、意外と階段急だから気をつけてね。まあ、片付けは永吏可の部屋だけだね」

2階の廊下にはゴミが散乱し、壊れたテレビや掃除機などが転がっている。廊下を過ぎ、一番奥の左手が永吏可ちゃんの部屋だった。上野さんは、ためらうことなく入っていく。

「このままだね、もう。必要なものをとって」

「これ、永吏可ちゃんの?」

「ああ。ここが永吏可の部屋で。この机は入学と同時に買った。永吏可が選んだヤツ……」

室内の右手の壁沿いには机が置いてある。机の上にベッドが付いた、子ども向けの学習机

震災の年以来入っていなかった永吏可ちゃんの部屋で一人、片付けをする上野さん

だった。

震災の年の夏、上野さんがここに入った時には部屋は永吏可ちゃんが使ったままの状態だった。一方で窓の外の風景は、津波で壊滅的な被害を受け、見る影もなかった。現実と部屋とのギャップに、自分がどうにかなってしまいそうで、上野さんは怖くて二度と足を踏み入れることができなくなったという。

「俺は震災の年にしか上がってない。震災の年に上がったきり、あとは上がってない」

しかし4年半が経ち、再び入った部屋の様子は変わっていた。部屋中には埃が積もり、ネズミの糞や鳥の糞にまみれていた。そのせいもあってか、上野さんは想像していたよりは、平静を保てているように見えた。

それでも机の上には、「二ねん一くみ 上野えりか」という名前入りの学習ノートや、漢字の練習帳が当時のまま置かれていた。引き出しを開けると、小学校の通知表やひらがなの練習ノートがあり、丁寧に文字を練習したページには大きな二重丸が付けられていた。上野さんが、愛おしそうにノートをめくり始める。

保存しておくものだけを選ぼうと、一つ一つ手に取っていく。上野さんの吐く息が白い。

「捨てられないなぁ。ママが何て言うか、わかんねえけど」

作業を始めて5分と経たないうちに、深いため息が一つ、小さく漏れた。続けて鼻をすする音が聞こえ始める。私は少しだけ距離を取り、上野さんの視界に入らないように斜め後ろから、そっとカメラを向けた。上野さんの横顔の目元に光るものが見えた。

紙を繰る音とため息だけが聞こえる空間の中で、無言の時間が流れていく。

私は、上野さんの背中を黙って見守る。震災の年から足を踏み入れることができなくなったこの部屋で、いま上野さんは、必死に現実に目を向けようとしていた。

作業は15分ほどで終わった。木製のカラーボックスの中には、20冊ほどのノートの他に、小学校の入学式で撮った集合写真などが入れられていた。上野さんが箱を抱え、階段を下りていく。こうして上野さんは、大切に遺してきたこの部屋を後にしたのだった。

さようなら我が家

翌2月1日の朝には、解体作業が始まった。担当する建設会社の現場監督が、上野さんのところを訪ねて来た。上野さんが、作業の段取りなど説明を聞く。

「まずひと月半。それから3月いっぱいで、更地にしたいと思ってますけど。はい」

上野さんからは一つ要望があった。

「あの、鬼瓦欲しかったんだよね」

「わかりました。紐かけてはずすしかないなぁ。はしごかけて下ろすかな」

屋根の上の鬼瓦は、家を建てた時、喜久蔵さんが選んだものだった。上野家の家紋が入っている。上野さんにとって解体を一番申し訳なく思っていた相手が、喜久蔵さんだった。

「親父には、今朝話しましたよ。遺影に向かって『始まるね』って。この家を建てたのは親父なのでね。自慢の家だったので。天国で、『早く壊せば良かったのに、ボケ』って言ってんのか、何て言ってんのかはわかんないけど」

重厚な造りの日本家屋は、屋根裏にまで木材をふんだんに使い、堅固に作られていた。重機で押してもなかなか傾かないものだから、業者が、「壊すのが大変だ」とこぼしていた。

まずは手作業で、少しずつ壁の断熱材や石膏ボードを外し、柱に切れ目を入れていく。

貴保さんもまた、始まった解体作業を眺めていた。解体を望んでいたとはいえ、この家には数え切れないほどの子どもたちの記憶が刻まれている。貴保さんが懐かしそうに話す。

「倖太郎は家の中で、三輪車に乗ってたからね。ギュンギュン、ギュンギュン、ギューン！って。基本的に、三輪車は家の中かな。うん」

家は長男が継いでいくもの。上野さんの中には当たり前のように、そんな昔ながらの発想が根付いていた。解体を見つめる上野さんの口からは、普段は話さない、そんな想いがこぼれ出す。

「俺は長男として生まれて、家を守るっていうのがあって。俺にも長男の倖太郎が生まれた時にはやっぱり、『倖太郎は、家を守ってくれるんだなぁ』って、その時は思って……」

話の途中で、やはり我慢していた感情が溢れそうになる。

「ね、まぁ、しょうがない」

その目は悲しげに、解体の始まった家を見つめていた。目の前では作業員たちがハンマーをふるい、壁を打ち抜く音が響いていた。

それから10日が過ぎた2月11日。一度、南相馬を離れていた私は、再び上野さんのところに向かっていた。解体作業は、予定よりも随分早いペースで進んでいた。

前日には貴保さんから、携帯電話にメールをもらっていた。添付された解体中の自宅の写真を見ると、すでに1階部分が骨組みだけになっていた。

《我が家はこんな感じで、建物は12日の金曜日までには形が無くなるそうです。パパの機嫌の悪さときたら半端なくてね。扱いづらいです》

それでも末尾には、ニコニコマークが付けられていた。私も返信する。

《一気に進みましたね。私も明日行こうと思います。お邪魔しても大丈夫ですか？》

《パパの機嫌は悪いですけど、それで大丈夫なら。パパには、毎日電話で取材の依頼があり、嫌気がさしていて、マスコミの人たちに『空気読め！』って怒っている次第です。今日はカメラマンが邪魔で、私の車が停められず、その際の言動は『家の人間が遠慮しなくていい、ひき殺せ！』でした》

上野さんのストレスは頂点に達しているようだった。

新幹線を乗り継いで福島に向かっていた私の携帯電話に、またも貴保さんからメールが届いた。私の南相馬到着は、午後1時半の予定だった。

《ちぃちゃんが来る頃には形がないみたいです》

一緒に送られて来た写真を見る。解体中の自宅は、すでに1階部分がなくなっていた。屋根付きの2階部分だけが、地面の上に残る。

JR福島駅からは、さらにバスを乗り継いで1時間半。南相馬市に着くと、バス停まで貴保さんが車で迎えに来てくれていた。急いで萱浜の自宅に向かう。

到着すると、まだ家の形は残っていた。屋根の上に上った作業員が、手作業で瓦を落としている。屋根を伝って落ちる瓦が、ガラガラ、ガラガラ、と大きな音を立てていた。

家の周囲をぐるりと取り囲むように、大量の木材が積み上げられていた。無造作に折れた角材の断面は尖ってケバ立ち、まるで棘のように無数に突き出している。中には釘の先端が飛び出しているものもあった。まるで、近くに人を寄せ付けまいとしているようだ。

上野さんは、解体される家の脇に佇んでいた。じっと押し黙り、作業を見つめている。この10日余り、家にいる時は常に、隣の解体作業の音が聞こえていたはずだ。

2月の萱浜の空気は、凍えるほどに冷たい。天気こそ穏やかな晴天だったが、カメラを回すため手袋を外していた手がかじかんで、痛くてたまらない。そこへ、貴保さんと一緒に買いものから帰った倖吏生ちゃんが駆け寄ってきた。

「ちぃちゃんは、おウチ入んないの？」

「すぐ行くから、先に入ってて」

私はもう少しだけ解体の様子を撮影するつもりだった。私から倖吏生ちゃんには家に入るようにと言うのだが、どうしても入ろうとしない。目の前で解体作業が進んで行く。すると、それを見た倖吏生ちゃんが、ひとり言のようにつぶやいた。

「えりかちゃんと、こうちゃん。えりかちゃん、こうちゃんはねえ、ママとパパとじいちゃんとばあちゃんと寝てたの」

「そうだねぇ、永吏可ちゃんと倖ちゃんが、住んでたおウチなんだよ」

「あと、じゅんこばあちゃんときくぞうじいちゃんも。みんな、さらわれた。えりかちゃんとこうちゃんも、海にさらわれた」

視線を前に向けると、痛々しい家の姿が目に飛び込んできた。

「倖吏生ちゃん、おウチが壊れちゃう」

「だいじょうぶだよ。さりいは泣かないから！　でも、お父さん泣くって言ってたよぉ！」

自宅の玄関先には、上野さんが立っていた。こちらに背を向けたまま、解体が進む家を見つめていた。


結局、解体作業は土日を挟み、15日の月曜日を迎えた。早朝から、キュルキュルとキャタピラの軋む音を上げて、重機が動き出す。作業をしていた2台のうち、1台がアームを伸ばし、屋根を壊し始めた。アームの先端にある爪が上下に大きく開き、窓際の手すりを摑むと、バリバリバリ、バリーン！　と耳をつんざくような甲高い音がして、一瞬で金属製の手すりが粉々になった。

　家の脇の地面の上に、永吏可ちゃんの学習机が置かれているのが目に入る。あの、2階にあった机だ。重機がアームを伸ばし、その机を爪で挟んで持ち上げた。そのまま移動させる途中で、無情にも机はバラバラになって地面に落下した。あっけないものだった。

　上野さんは仕事が手に付かない。この日は基本的に、自宅で解体を見守るつもりだった。長い間見ているのは、あまりに辛く、少し様子を見に行っては家の中に戻って来る。しばらく経つと、また出て行っては作業を見つめている。

　解体作業は、いよいよ派手さを増していく。外壁を剝がされた家の壁は骨組みだけとなり、そこに重機のアームの先端が首を突っ込んで破壊していく。そして骨組みの木材に爪を立て、容赦なくバリバリと剝ぎ取っていった。

　バリバリ！　ギシギシギシ、ガシャーン！

　窓枠ごとむしり取った外壁をユサユサと揺らし、地面の上に横倒しにすると、ガラスが音を立てて割れた。

　瓦礫越しの、少し離れた場所に、上野さんがいる。目には涙が滲んでいる。力なくため息をつき、そしてまた、ゆっくりと解体作業に背を向けた。

解体がすすみ、わずかに２階部分の屋根だけが残った自宅

午後になり、倖吏生ちゃんが幼稚園から帰ってきた。私は例のごとく、２階の部屋へと連れて行かれた。珍しくそこへ、上野さんが上がってきた。部屋の西側には、小さな明かり取りの窓があり、そこから見下ろすと隣の解体作業がよく見えた。上野さんは、窓枠に頬杖をつき、潰れる寸前の家を眺めていた。その時、立派な一本の柱がはずされ、すでに外から丸見えになっていた家の床の上に崩れ落ちた。

それを見た私は、慌ててカメラを摑むと階段を駆け下りた。表に出て、解体作業をふたたび撮影し始める。最後の瞬間は目前だった。

目の前で、わずかに残った屋根の片側が剝ぎ取られ、家全体が大きく傾く。三角屋根の骨格を支えていた大きな梁が引っこ抜かれると、上に乗った屋根全体がバラバラと落ちた。

隣にある自宅2階の小窓には、まだ上野さんの姿があった。30メートル以上離れた私の場所から、とっさにカメラを向け、ズームを最大にして、その表情を確認した。すると次の瞬間、上野さんが視線をそらし、窓際からスッと立ち去った。右手では、涙を拭っていた。

まもなく、最後につっかい棒になっていた壁が外されると、ガラガラガラッと音を立てて家の外形が崩れ落ち、ぺしゃんこになった。

こうして自慢の我が家は、ひとつの瓦礫の山となったのだった。

同級生に残る記憶

この年の3月11日は、これまでとは様子が違っていた。なぜなら、そこにあるべきものがないからだった。被災した自宅があった場所は、すっかり更地になっていた。

私は早朝6時、冷え冷えとした空気に包まれた萱浜地区に立つ。雲の奥に見える空の彼方が、オレンジ色に染まっていた。少し前に昇ったばかりの朝日を背に、電線にとまった雀たちがチュンチュンと騒がしくさえずり始めた。

そこに一人、地区を回る上野さんの姿があった。津波で流された家々の跡地で、祭壇の前にしゃがみ込む。それぞれの場所で線香をあげ、手を合わせて歩いていた。

「千晶ちゃん、朝遅いよぉ。もう朝日上がってるよ」

「すみません……」

「いま日の出は、5時半だね。どんどん早くなってる」

上野さんがこうして近所の祭壇に線香をあげるのには、理由があった。

「せめて組内(くみうち)では、俺が回んなきゃあと思って。だって仮設住宅だとか、借り上げ住宅だとかって、みんな他所に移ってしまっているから。なかなか、みんな萱浜に来れないでしょ？だから、ここにいる俺がお線香あげなきゃって思って、うん。家の人が萱浜を離れちゃってると、亡くなった人たちは寂しがるだろうなと思ってさ」

地区の7割が津波で流出した萱浜では、震災後、県内外への避難のために地区を離れた人も多い。そんな地区を見守るように、上野さんたちが前年の秋に種蒔きした菜の花が、辺り一面で若々しい緑色の葉を茂らせていた。

自宅の中では、貴保さんが家族4人の遺影と骨壷を棚から下ろし、床の絨毯の上に並べていた。祭壇の埃を拭き、一つ一つの遺影も綺麗にして、骨壷と一緒に定位置に戻していく。その周りを、たくさんの新しい花で飾った。

祭壇を掃除し終わると、貴保さんは、みんなの好きだったものを供える。子どもたちにはケーキ、お義母さんには和菓子、そしてお義父さんには、好きだったお酒とおつまみのスナック菓子を並べた。

2階の部屋では、倖吏生ちゃんがベッドの中でスヤスヤと寝息を立てている。時々寝返りを打ちながら、気持ちよさそうに眠っていた。穏やかな空気が流れる中で、上野家は、あの日から丸5年を迎えた。


午後2時46分、萱浜地区にサイレンが響き渡る。津波で自宅を流され、家族を失った住民たちが、それぞれの家の跡地に立ち、海の方に向かって黙祷する。

いつもの年は、そこに上野家の被災した自宅があった。津波襲来時刻の午後3時40分になると、去年は一家そろって、その家の玄関に置かれた祭壇に手を合わせた。

今年の午後3時40分には、上野さんが一人、目の前の更地の土の上に線香を置き、ごく短く手を合わせた。そこにあったはずの家は跡形もなくなり、瓦礫も一つ残らず撤去されていた。この場所に津波が来たことを示す手がかりは、もう何もない。あの日の出来事が、また少し遠くなったような気がした。

ところがこの日、上野家に予定外の来客があった。

「あ、同級生!」

自宅のリビングからガラス越しに見て、真っ先に気付いた上野さんが、急いで表へ迎えに出ていく。遠くから、女の子たちの笑い声が聞こえて来た。亡くなった永吏可ちゃんの同級生たちだった。永吏可ちゃんのために、手を合わせに来てくれたのだった。

上野さんと一緒に、貴保さんも外まで行って出迎えた。

「同級生。ウチに来てくれるのは、初めてかな。自分たちで、自転車で来れる年頃になったんだね」

やってきたのは5人。中学1年生になり、セーラー服姿だった。みんなで永吏可ちゃんのところへ行こうと、相談して決めたのだという。

「お邪魔しまーす！」

座敷の祭壇の前に立ち、一人一人線香をあげて手を合わせる。その間、上野さんも貴保さんも、じっとその様子を見守っていた。2人とも穏やかな表情をしていた。

「ありがとう、どうもねぇ。ああ部活、何やってんの？」

上野さんは、同級生たちが制服の上にはおったジャンパーを見て尋ねた。

「バドミントン部です」

「ああ、なんとなくわかった。その、着てる服で。俺でもわかる」

成長した同級生の姿を見られて、むしろ嬉しそうだった。表の道路端まで出て、夫婦で見送った。

「はーい、どうも。気をつけてね。ありがとう」

「はーい！」

自転車をこぐ5人の後ろ姿が、次第に遠のいていく。

娘を想い、足を運んで来てくれたということが、なにより嬉しかった。同級生の記憶の中には、いまも娘の存在がある。貴保さんが思わず、嬉しい気持ちを口にした。

「よかったねぇ、永吏可ちゃんもね。でも、あんまりしゃべると泣きそうになるから、しゃべんない！」

家族4人の命日でもある3月11日。上野さん夫婦にとって、この出来事は、思いがけない贈り物となった。

〈第6章〉再会

（2016年4月—2018年3月）

バックミラー越しの幸せ

2016年4月。わずかに春の訪れを感じさせる穏やかな日差しの中、上野さんが両手で大きな木箱を抱え玄関を出て行く。表に出ると、まるで競うように騒々しく、小鳥たちがさえずっていた。自宅から30メートルほど先に、一本の木の柱が立ててある。見上げるほどの高さの柱には、てっぺんから紐が渡してあった。

木箱から取り出したのは、立派な鯉のぼりだ。上野さんはそれを、慣れた手つきで柱の紐に括り付け、グイグイと紐を引いて頭上に上げていく。

柔らかな風が、鯉のぼりの身体を優しく撫でるように流れていく。その風に乗り、萱浜の空に泳ぎ出した鯉のぼりは、依然として行方不明のままの倖太郎くんの形見だった。

上野さんが、この鯉のぼりを見つけたのは、津波からしばらく経った後だった。周辺の家々が全て流された集落で、一軒だけ遺った自宅の1階の棚の中にあったのだ。

「奥の部屋に収納があって、そこにあった。1階だけど高いところにあったから、水は来てるけど無事だったの。箱は濡れてただろうけど、中は無事だった」

上野家の家紋の入った鯉のぼりだ。

「震災の年の、いつから上げ始めたんだろうなぁ、俺。倖太郎が見つからないっていうことともあったから、ゴールデンウィーク以降かな。ここに立てて上げ始めたの。それからもうずっと、雨が降らない限りは上げてた」

今年で6年目。倖太郎くんのために毎年春に上げ続けていた。しかし最近では布が擦り切れ、傷みが激しくなって来たのを心配するようになっていた。

「新しい吹き流しを作り直してもいいかなって。名前を入れて」

「倖太郎くんのですもんね」

「うん。だけど永吏可の名前も入れないとね、喧嘩するでしょっていうことを、ママとも話してたんだけどね。うん、いい風だね。ちょうどいいな」

上野さんが満足そうに、鯉のぼりの泳ぎを眺める。

そこに駆け寄ってきた倖吏生ちゃんの両腕を抱え、上野さんが遊びながらぐるぐると回した。倖吏生ちゃんは目が回り、地面に下ろされると足元がふらついた。転ばないようにと上野さんが抱きとめる。

「あはははは」

「もうやんない！　パパだっこして」

この日はそのまま、上野さんの運転する車で30分ほどのドライブをした。上野さん一家が、震災前から愛用しているファミリー向けのミニバンだ。私は助手席に、そして倖吏生ちゃんが広い後部座席に一人で乗った。車窓からは季節柄、畑仕事をするたくさんの農家の人たちの姿が見えた。

いま私たちが乗っている、このシルバーのアルファードは、震災当日の津波の後、上野さんが職場から萱浜の自宅に戻る時に乗っていた車でもあった。

「そう、この車。津波を見て逃げてるのも、この車。自分の車だから」

いまでは、倖吏生ちゃんにとっても、慣れ親しんでいる車だ。

「ねぇ、パパ。これは、えりかちゃんがうまれたときからあるの？」

「そうだよ。永吏可が生まれて、ちょっと経ってから買ったのかな」

後部座席の窓ガラスには、亡くなった2人の子どもたちの、手の跡が付いたままだ。運転席の上野さんがバックミラーを覗くと、いまでも当時の光景が目に浮かんでくる。

「車の中でやっぱり思い出すのは、永吏可と倖太郎がいる光景。だって、常にこの車に乗って出掛けてたから。ミラー越しに見える2人が、座席の3列目で一緒に遊んでて。そこに、ママがいてっていうのをね。当時から、『これが幸せなんだろうなぁ』っていうのは、よく考えてた。このミラー越しに、家族がいる光景というのがね」

車はこの翌年、廃車になった。ナンバープレートを外された状態で、今でも上野さんの自宅の庭先に置かれている。

萱浜の地を守る

この年は3月から4月の前半にかけて、全国的に気温の高い日が続いた。そのためか、菜の花の開花が随分早まった。結局、例年より2週間早い4月16日の土曜日から菜の花迷路をオープンさせることになった。狙い通り、その週末にはちょうど満開となり、お客さんを迎えることができた。

満開の時期は、同じ菜の花畑でも黄色の濃さが全く違って見える。菜の花の株は満開を迎えると、一本一本が丸い手毬のようになる。その状態で何万本という花同士が隣り合い、重なり合い、絨毯のような分厚い黄色の層に見えるのだ。

そんな光景を目の前にすると、上野さんの気分も上がる。

「見事！　うん。ほらもう、菜の花がみんな一生懸命、背伸びしてるように見えるんだよ。そう思わない？　俺だけか？　みんなこう頭を上に、背伸びしてるように見える」

上野さんは、嬉しくてしょうがない。菜の花を見ながら、自分も背伸びする真似をしてみせる。まっすぐに咲き揃う菜の花たちの姿が、届かない空に手を伸ばしているようだった。

「迷路を作ってる時、俺は空を見てたなぁと。みんなが天国から見てっかなぁと思って。うん、いろいろ考えた。まあ、実際わかんねえけど。みんなは上から見てるんじゃないかなぁと思ってね、空を見てた。きっと安心してくれてるでしょ」

倖吏生ちゃんはパパとお揃いの、赤い福興浜団のTシャツを着ていた。

「あのね、ハートのめいろあるんだよ!!」

私のカメラに向かって、両手の親指と人差し指で、ハートの形を作る。そして2人で手を繋ぎ、迷路に入った。

「今年の迷路は、難しくなったねぇ」

私が言うと、毎日のように迷路をやっている倖吏生ちゃんは、自信ありげに答える。

「ううん、むずかしくない！　走ればゴールできるよ」

私の前を行く倖吏生ちゃんが、どんどん先へ進んでいく。たくましくなったなと思う。

迷路を歩きながら、私は改めて菜の花畑を見渡した。遠くには上野さんの自宅が見えた。その隣にはもう、かつての被災した自宅はない。毎年、菜の花畑の向こうには、いつもあの家があった。やはり今は、「何かが足りない」と感じてしまう。しかし、それもすぐに、当たり前になっていくのだろう。

この春は、萱浜地区にとって、震災後の一つの再始動の年となった。5月下旬、上野さんが待ちわびた季節がようやく訪れた。上野さんから私の携帯電話にメールが入った。

《5年ぶり？　水田に水が入って、反射してキレイだった！》

田んぼにようやく水が来たという知らせだった。萱浜地区で本格的に農業が再開されることになったのだ。添付されていた写真には、赤く染まった夕焼け空と、下半分の水面に、逆さの風景が写っている。

波一つ立っていない、まるで鏡のような水面に、本物以上に濃いオレンジに染まった空が映る。左手には、カントリーエレベーターと呼ばれる、米を貯蔵する大型の倉庫が見える。夕暮れを背景に、建物の形がシルエットのように浮かび上がっていた。

このメールに、私もすぐ返信した。

《2010年の田植えが最後だったとすると、6年ぶりですね！　稲穂が実るのが、本当に楽しみです》

《6年かぁ〜！　親父とお袋、笑ってバカにしてみてるよ！》

天国の両親は、「6年もかかって、情けないなぁ」とでも言っているのか。それでも、上野さんの嬉しそうな顔が目に浮かぶ。震災前、専業農家だった両親を手伝ったことのなかった上野さんにとって、本格的に農業に携わる初めての年となった。

上野さんは、かつて両親が作っていたような食用米ではなく、家畜の餌になる飼料米を作ることにした。飼料米の栽培なら、カメムシの防除などの必要がない。他の作物でも当面、人の口に入る野菜を作ることは考えていなかった。食用の米や野菜は、育てるのにとにかく手間がかかるためだ。基本的には自分一人で再開する農業の中で、とてもそのような余力はなかった。

上野さんの生活も変わった。忙しい時期には、朝も暗いうちからトラクターで出かけて行き、日が暮れるまで畑にいるようになった。

「俺は、朝仕事あっから。もう日の出前から7時間くらい、お昼まで帰って来ないからね。夏になれば8時間ぐらいずっと機械に乗りっぱなしかな。そうすると、お昼くらいに燃料がなくなるから、ちょうど一回上がってきてご飯食べて、燃料入れて。朝メシは別に食べなくてもいいから。一旦機械に乗ったら、食べんのが面倒臭いので、そのままやり続けてる」

今年はデントコーンと呼ばれるトウモロコシを植える。牛の飼料やバイオエタノールの原料になるという。震災後、ずっと雑草だらけになっていた農地に、命が吹き込まれていくようだった。

震災を経て農業を再開するに当たり、上野さんは、同じ地区の人たちと協力し合うことが必要になった。萱浜地区で農業再開に手を挙げた人は、上野さんを含めわずか3人だった。共同でトラクターなどの農機具をリース契約し、田植えや稲刈りなど、一人では難しい作業の日には互いに協力し合う。

喜久蔵さんが残したトラクターはとっくに寿命を迎えていて、このまま使い続けたら故障するのは時間の問題だ。しかし新しく購入するには1台1000万円以上もかかるため、個人での購入はとても無理だった。

それでも、上野さんはちっとも悲観していない。

「楽しくてしょうがない。面白いことは面白いよ、疲れるけど」

「純粋に農業自体が?」

「面白いと思ってるよ。失敗したら失敗したで、まあ、しゃあねえからねと思ってる部分もあるから。まぁ考えながらやってくしかないだろうけどね。うん。楽しくてしょうがない。だって、こんなにも農業は金がかかるんだなぁと思ってさ。ははははっ」

少し意外に思えた。どちらかというと農業は、両親のためにやろうと決めたことだと思っていたからだ。もしかしたら、上野さんの〝出たとこ勝負〟という性分は農業に合っているのかもしれない。

倖吏生ちゃんが私と一緒に散歩に出た時だった、パパが農作業している場所まで行きたいと言って少し頑張って歩いたことがあった。遠くに見える上野さんは、ちょっとの間も惜しむように、一人でひたすらトラクターに乗っていた。その姿に向かって、倖吏生ちゃんが声を張り上げた。

「お父さん、がんばれーっ!!」

萱浜に初夏の風が吹きわたる頃には、上野さんの水田に青々とした稲の苗が育っていた。両親の守ってきた土地が、少しずつではあるが、上野さんの手で再び元の姿へ戻ろうとしていた。そこには萱浜の農業の灯を絶やすまいという、上野さんの決意があった。

第二原発と東電社員たち

上野さんが農業を再開したのと同じ頃、福興浜団としては、福島第二原発の視察をすることになった。5月24日のことだった。

第二原発は、第一原発の南約10キロの同じ太平洋に面した海沿いにある。楢葉町と富岡町にまたがる形で立地している。あの大震災に見舞われながら、第一原発とは違い、事故を起こすことなく「冷温停止」状態に至っていた。その後、稼働することはなく、第一原発の廃炉作業を支える拠点として、後方支援の役割を担っていた。

上野さんの運転する車で第二原発の正門を入ると、すぐ右手にある事務本館へと案内された。そこでは、第二原発の所長や広報担当の東京電力社員など20人ほどに迎えられた。

視察の冒頭で、上野さんがこう挨拶した。

「沿岸部として、津波が同じくここにも来ていて、その時に、どうしてその1F（第一原発）と2F（第二原発）が違ってたのかっていうことを、どうしても知りたいと思って、今日は来ました」

そこには、東京電力福島復興本社の石崎さんもいた。第二原発の視察を上野さんに勧めたのは、石崎さんだった。前の年に上野さんたちが福興浜団として第一原発に入った時から、是非にと誘いを受けていたという。石崎さんは、かつて第二原発の所長をしていた。

「福島第二の所長をやっていたのは、2010年までです。それから本社に転勤になりまして、私は東京電力という会社と、それからこの福島の地元の皆さん、あと青森とか新潟にも事務所があるんですけど、会社と地元の皆さんを繋ぐ役目をやってました」

震災の時は「立地地域部長」という肩書きで、東京電力本社と、地方の発電所が立地する地域とを繋ぐ役割を任されていた。

震災直後には、東京電力本社内に立ち上がった「災害対策本部」の一員として、福島第一原発と本社とを繋ぐテレビ会議にも参加していた。第一原発の吉田昌郎（よしだまさお）所長とも、前の年まで、同じ福島の原発で所長同士だったということもあり、親しい間柄だったという。

その後は、福島県内に200か所以上開設されていた避難所を、当時の清水正孝社長と共に回ったという。被災した住民たちを前に、土下座する日々だった。所長時代は、立地地域の地元の人たちとも「徹底的に付き合う」主義だったという。その分、被災した人の中にも、知り合いが多かった。

「避難所に、当時の社長とお詫びに回りました。避難されてる方の中には、福島第二の所長をやっていた時に仲良くして頂いた方がたくさんいて。寒い中で、毛布にくるまって寝転がっている皆さんに直接会って。その時の皆さんの目が忘れられません。『お前あの時、安全だと言っただろう。嘘つきやがったな』と。『騙しやがったな』と。そういう皆さんの目が、忘れられません。私が福島第二の所長だった時、地元の皆さんに言ったことはですね、『原発は絶対事故を起こしません』と、堂々と説明していました。それを今、恥じております」

第二原発構内の視察では、バスで建屋などを回った。4つの原子炉建屋のうち、一番南にある1号機建屋の脇を通り抜け、海沿いのエリアに向かう。バスを下ろされたのは、海水熱交換器建屋の前だった。

海水熱交換器建屋とは、原子炉建屋などで発生した熱を冷やすのに使う海水を、循環させるためのポンプなどが設置されている建屋だ。原子炉の冷却機能をつかさどる。津波で浸水した、この建屋の電源を、外部電源によって復旧させることができたおかげで、第二原発は事故を免れていた。

しかし一度は、電源が失われる危機に瀕していた。

建物内部に案内されると、係の東京電力社員がマイクを握り説明する。

「当時は、電力を送るための電源盤が使えなくなってしまったので、こちらのモーターを使えなくなり、海水を汲み上げることができなくなってしまったという被害状況でした」

ここは津波により、建物内部の高さ2・5メートルまで浸水していた。肝心の電源盤も、上部まで水に浸かっていた。5年以上が経ち、今では津波が運んだ泥が乾燥し、電源盤の内部は砂まみれになっている。錆びついて腐食も進み、酷いあり様だった。

この海水熱交換器建屋の電源を復旧する鍵を握っていたのが、「外部電源」と「仮設ケーブル」の存在だったという。

事故に至った第一原発との決定的な違いを、その場で広報担当が説明した。

「第二原発と、富岡町の新福島変電所を結んでいる4回線のうち、1回線だけですね、私どもは外部の電源を使うことができた。そのことが、すべての外部電源を失ってしまった福島第一との大きな違いです」

第二原発では、外部電源が生きていた。

そこで震災2日後の3月13日には、新福島変電所からの外部電源を建屋に繋ぐため、第二原発構内に仮設ケーブルを設置する作業が始まった。総延長9キロというケーブルを約200人の所員たちが人力で運び、建屋までの800メートルという距離にケーブルを敷設したという。

通常は1か月ほどかかるこうした作業を、わずか30時間ほどで完了し、電源を復旧させたのだった。こうして津波から4日後の15日には、原子炉の冷却機能が復旧し、冷温停止に至っていた。

こうした復旧作業の間、わずか10キロ先の第一原発では、相次いで爆発が起きていた。その影響で、第二原発の構内でも、毎時180マイクロシーベルトまで空間線量が上昇したという。迫り来る最悪の事態への恐怖。そんな極限状態の中で、その場に留まり、ケーブルを担いだ人たちのことを想った。

視察の最後には、再び事務本館に立ち寄った。その正面玄関の前に、石造りの記念碑があった。石崎さんがその前に歩み出て話し始める。

「ちょうど私が所長をやっている時に、7000億キロワット時を達成したんです」

福島第二原発の視察で話をする上野さんと東京電力の石崎芳行氏

石碑には、こんな言葉が刻まれていた。
《累計発電電力量7000億kWh達成「皆さまへの感謝を込めて」平成21年7月28日　執行役員福島第二原子力発電所 石崎芳行》
「7000億キロワット時を達成したというのは、当時の私自身にとっても誇りでした。そして、やっぱりこの発電所があるのは、地域の皆さんや、それから作業員の皆さんのおかげなので。敢えて『皆さまへの感謝を込めて』という言葉を打ってもらったんです。いま福島第一で事故があり、本当にみなさんにご迷惑をおかけしたことは残念ですし、申し訳ないと思っています。しかし今でも、みなさんへの感謝を込めて仕事はしているつもりです」
福島第二原発も、第一原発と同様、東京で消費するために電力を供給し続けてきた。

1982年の営業運転開始以来、この発電所から、東京の人たちはどれほどの恩恵を受けたことだろう。結局、福島第二原発は2019年7月31日、全4基の廃炉が正式に決定した。

加害企業と津波遺族

視察の行程が全て終わり、その場を離れようとした時だった。上野さんが東京電力の社員の一人と立ち話をしていた。その女性社員と話す上野さんは、とても嬉しそうにしていた。

萱浜に戻ってから、私と上野さんとの会話の中で、その時のことが話題になった。

「会ってみたいと思ってた人。それは、俺が勝手に思ってただけなんだけどね」

今回の視察の前に、上野さんは、石崎さんからこんな話を聞いていたという。

「震災の時、第二原発の社員から石崎さんのところに、ずっとメールが来てたっていう話を聞いたのね。石崎さんが第二原発の所長をやってた時の部下というか。その浪江町の請戸出身の社員が、『家族と連絡が取れないです』って、メールで言ってきたって」

「それが昨日、帰り際に話してた女性ですか?」

「そう。なにげなく帰りに、『家はどこなんですか?』って聞いたら、『請戸です』って言うから、あれ? と思って。そしたら、『両親が津波で……』って言ったので。『ああ、石崎さんが言ってたのは、この人のことだったんだ』と思ったの」

震災の時、家族が津波で行方不明になったという、東京電力の女性社員だった。

石崎さんは、その当時のことをこう語っている。

「福島第二で、地元出身の女性社員からメールがきましてね。その女性社員の出身が、浪江町の請戸地区で。実家が津波で流されて、ご両親が亡くなられていて」

浪江町は南相馬市の隣町で、沿岸部の請戸地区は、第一原発の北10キロ圏内に入っている。津波で壊滅的な被害を受けていた。

「メールの中では、『両親に会いに行きたいんだけども、自分は発電所の職員だから、行けない。苦しいです』って。『そういうことを、誰かにわかって欲しい』っていうことがあって。これはもう、自分としてはいても立ってもいられずに、福島第二に行って、その社員と一緒に寝泊まりしてですね、まずはいろいろ話を聞いたりしてたんですけども。まあこれは、社会の皆さんにそうそう言える話ではないんですけれども、やっぱり社員の中にもですね、被災した人がたくさんいましてね。しかし、それでも社会の皆さんから見れば、〝加害者〟であると。そういう心の葛藤を抱えた社員が、実はたくさんいるのも事実ですね」

原発事故の加害者である「東京電力」という看板を背負い、葛藤する現場の社員たちの声を、上司として見過ごすことはできなかったのだという。

「私の立場としては、非常に複雑なんですけども。もちろん、ご迷惑をかけた住民の皆さんへの対応が最優先です。しかし一方でですね、かつて一緒に、いわば同じ釜の飯を食った社員や協力会社の人も、まさに加害者であるけども被害者でもある。自分はそういう人たちにも、心配りしなければいけない立場なんだなっていうのは、常に心にあります」

今回の視察の最後に偶然、その女性社員と会うことが叶った上野さんは、こう話す。

「会えて良かったよね。うん。第一も第二も、原発では地元採用の人たちが多いからね。浪江のその人もね、当時大変だったべなぁと思って。震災の時は、どうしても第二もね、第一と状況が違うとはいえ、その発電所の中が大変なことになってたわけでしょ？　家族を捜しに行きたかっただろうし。だけど発電所を離れることはできなかったから、ずっと残ってただろうしね。そのことを、石崎さんのところにはメールが来てたっていうね。そこは、石崎さんの人柄が出てていいねぇ。優しい人だね。福島には必要な人だね。うん」

上野さんがその女性社員に会ってみたいと思った理由の一つには、妻の貴保さんの存在もあった。

「震災の日、ウチの嫁さんも家に電話してね、悲鳴だけを聞いて電話が切れたんだけど、病院でそのまま残って仕事をしてたからね。そういうのもあるから、同じような境遇だし。だから、ちょっと話してみたいなって思ったの」

立場は関係ない。同じ「遺族としての想い」を理解し合えることが、上野さんにとっては大事だった。

2人が夢に

8月11日。お盆前の月命日を迎えたこの日の晩には、今年も上野さんたち福興浜団の追悼の花火が打ち上げられることになっていた。日が傾き始める時間帯には、浴衣姿の女性や子どもたちがやってきて、上野さんの自宅の前に置かれた小さな祭壇に手を合わせる。

祭壇はこの年の2月、被災した上野さんの自宅が解体される時、代わりとして自宅前の道路脇に作られたものだった。小さな祠の中、線香の煙が揺らめく向こうには、永吏可ちゃんと倖太郎くん、喜久蔵さんと順子さんの笑顔の写真が飾られていた。

手を合わせていく人の中に、東京電力の石崎さんの姿があった。その手には、大きな紙袋を持っている。黄色い背景に白い鳩のイラストが描かれた包みは、鎌倉名物「鳩サブレー」だった。これは、福島県の会津生まれで、いまは神奈川県に暮らす石崎さんの母親が送ってくるものだという。上野さんの自宅に立ち寄る度に、こうして「鳩サブレー」を手土産に持ってくるようになっていた。

石崎さんは今年初めて、上野さんたちが上げる萱浜の花火を見にやって来た。

「少しずつ会う回数が増えるに従って、上野さんの方からこう、にこやかにして頂いて。それがまたすごく嬉しくて。迎えてくれる上野さんの奥様は、非常にあぁいう、もの静かな方で、いつも上野さんの後ろで優しく見守っているような存在感があるんですけども。あとは、倖吏生ちゃんにちょっと挨拶をしてという。やっぱり時々お邪魔して、お会いしたいなぁっていう想いに駆られるのが、正直なところですね」

浴衣姿の倖吏生ちゃんは、もうすぐ5歳を迎える。幼稚園の友達と4人で、花火のイベント会場を走り回っていた。キラキラ光る花飾りを頭に着けて、カメラの前で、かわいいポーズを決めている。ますます女の子らしさが際立ってきた。

午後7時。花火の打ち上げを前に、全員で海に向かって黙祷を捧げた。会場が一瞬の静寂に包まれる。そして萱浜の夜空に、今年も花火が上がる。

ドーン、パチパチパチ、ジュワー……

私も、撮影しながらしみじみと花火を見上げていた。最初に萱浜の花火を見た、あの2011年の夏から、もう5年になるのかと。

この少し前、私は一通の通知を受け取っていた。中小企業庁が管轄する、創業補助金事業の事務局からだった。私が応募したビジネスプランが、補助金の対象事業に採択されたという知らせだった。テレビ局時代の経験を生かし、個人でドキュメンタリー映像を制作。テレビやインターネットで展開する他、映像を活用して講演会などのイベントを企画するという事業計画だった。

この採択の結果、起業に必要な資金が給付されることになった。おかげで新しい撮影機材の他、映像の編集システム一式が、いっぺんに揃うという幸運に恵まれた。秋までには個人事業主として、正式に起業する予定だ。

映画制作の方も、クラウドファンディングの結果、2016年の1年間は、福島に通うための費用を心配する必要がなくなっていた。先月からは映画本編の編集作業も始まり、年末には完成、来年5月以降の一般公開を目指していた。

すべての始まりは、2011年に萱浜で、上野さんが上げていた花火を、私が偶然目撃したことだった。そこからの出会いと、この地に足を運び続けた積み重ねが、映画という形になるのは目前だった。

花火の最後には、上野さんのカウントダウンでスターマインが打ち上げられる。今年も上野さんは相変わらず、落ち着いて花火を見ることがなかった。

「ゆっくり見たいって思う気持ちも、半分。やっぱり辛くなるっていうのも半分。ホント、わざと忙しくしてるな。ははは」

やはりどうしても、子どもたちに会いたい気持ちが募ってくる。

「まあ、天国からは見てんだろうとは思いながら、花火は上げてるけどね。……でも、会えないからね。花火は、これからもできる限り上げ続けようと思ってる。いつか、何にもしないままゆっくり見られる時が来たら、永吏可や倖太郎を想って、ゆっくり一緒に見ようかなとは思ってるけどね」

七色の光の花が一つ、また一つと夜空に開いては消えていく。その度に、見上げる人々の顔を優しく照らし出していた。

一夜が明け、翌朝には昨夜のことが夢のように静かな萱浜に戻っていた。午前中から、早くもギラギラと真夏の太陽が照りつける。毎年、花火の翌日には、会場で使ったテントの片付けや、打ち上げ場所に散らかった花火の燃え殻を拾って歩く。

「今年も終わったなぁ……」

そんな実感がじわじわと湧いてきて、寂しい気持ちになる瞬間だ。

片付け作業などお構いなしの倖吏生ちゃんは、遊びたいばっかりで、私の手を引いて自宅の中に連れて行く。すると祭壇のある座敷の部屋で、倖吏生ちゃんがこんな話を始めた。

「大きい石にのぼって、さがしてたのね。えりかちゃんと、こうちゃん。そこをね、パパがさがしてたの」

すぐにわかった。前日の花火の後、福興浜団での打ち上げの席で、倖吏生ちゃんはテレビを見ていた。どこかのテレビ局が夜のニュースで、上野さんのことを放送していたのだ。その中には、海岸での捜索風景も含まれていた。その映像を急に思い出したのだろう。大きい石、というのは消波ブロックのことだ。

「パパが捜してたの?」

「うん。しんぱいしてて、泣いちゃったんだって。……かなしい、かなしいなぁ」

倖吏生ちゃんが独り言のようにつぶやいた。テレビの内容を、その場で誰かが説明したわけではない。一人で観て、内容を理解していた。すこし悲しげな表情で話す倖吏生ちゃんを前に、現実を目の当たりにさせたことに対して、心が痛かった。

「倖吏生ちゃんも、悲しかった?」

「うん。泣いちゃった。ちぃちゃんも?」

「ちぃちゃんも……」

そんな会話をしながらも、倖吏生ちゃんは無邪気にお菓子を食べ始めた。亡くなった4人の遺影が並ぶ祭壇を前に、カーペットの上にごろ寝した。まだ会話は続いている。

「またね、えりかちゃんとこうちゃんは、生まれかわるんだよ。生まれかわって、もどってくるよぉ」

「え？　誰が言ってたの？」

「んー、わたし。そうやって思ってた」

生まれ変わるという言葉を、どこで覚えたのか。だれか大人に聞いたのだろうか。話の続きを聞きながら、考えていた。

「でもね、えりかちゃんと、こうちゃんの声がして、『あれ？　うるさいなあ。えりか、こうたろう』ってさりいが思って。それで、『いたー！　えりか、こうたろう、いたのかぁ！』ってなったの」

「え？　聞こえたの？　永吏可ちゃんと倖ちゃんの声？」

「うん」

「へぇ。どんな声だった？」

「『わたし、えりかだよ』『ぼく、こうたろう』って」

倖吏生ちゃんは、ちょっとだけ声色を変えて、２人の役を演じてみせる。

「じゃあ、お話した？」

「うーん、……した！」

「何お話したの？」

「わからない……」

倖吏生ちゃんが、今度は祭壇が置かれている棚の下に潜り込んで遊び始めた。会話は、そこで終わった。倖吏生ちゃんは昨晩、2人の夢を見たのかもしれないと思った。もしそうだとしたら、どんなに良いだろう。永吏可ちゃん、倖太郎くんとは会ったことも、一緒に遊んだこともない倖吏生ちゃんが、夢の中で2人と話をしたというのだから。

昨夜の花火が、天国のお兄ちゃんお姉ちゃんと、倖吏生ちゃんとを繋いでくれたのか。花火の晩の、はかない夢の中での出来事だった。

記憶に残る味

10月下旬のある夜のことだった。上野さんから私の携帯に、こんなメールが届いた。

《千晶ちゃん！　親父がつくった米がある！　震災の前の年の米！　貰って来て食べる！》

親戚の家で、喜久蔵さんが震災前に作った米が見つかったというのだ。精米していない玄米の状態で保管されていたため、精米さえすれば食べることができるという。

お米を見せて欲しいとお願いし、数日後には南相馬市に向かった。上野さんの自宅に着くと、玄関先に茶色い紙袋に入った米が置かれていた。袋には、赤い文字で大きく「福島米」

と書かれていた。

　上野さんはご機嫌で、袋の中の玄米を手ですくって、嬉しそうに眺める。

「パッサパサしてそうだね。でも楽しみだね、どんな米か」

　手のひらにのせた米が、パラパラと音を立てて、袋の中にこぼれ落ちる。

　貴保さんの手伝いをすると言って、倖吏生ちゃんが計量カップでビニール袋に米を入れていく。楽しそうに米を触る倖吏生ちゃんに聞いてみた。

「倖吏生ちゃん知ってる？　これ、おじいちゃんが作ったんだよ」

「だれの？」

「喜久蔵おじいちゃん」

「えっ!?　きくぞうじいちゃんが？」

「すごいでしょ」

「さりいのおじいちゃんが？」

「そう」

「わーお!!」

　倖吏生ちゃんは、ちょっと大げさに、びっくり仰天といった表情をした。

　精米した米を早速、貴保さんが研ぐ。その様子を見ながら上野さんがリクエストする。

津波で行方不明の祖父・喜久蔵さんが震災前に作った米を食べる倖吏生ちゃん

「ちょっとね、水多めに入れて。米に水分がないから」

1時間ほどで炊き上がった。炊飯器の中をのぞき込んだ貴保さんが、残念そうに言う。

「昨日炊いて、1日以上経過した米みたいな感じだね。色合いが」

色は確かに新米に比べ、やや黄ばんでいるように見える。

「だって俺ら昔から、その古い米、食わさってたもん。においがもう、臭せぇから」

上野さんが、流し台のカウンター越しに言った。その炊きたての米に鼻を近づけた瞬間、上野さんは、何かを思い出したように笑い出した。

「ふっふっふ。こんなにおいの米、久しぶりに嗅いだぁ！」

懐かしそうな、くすぐったいような笑顔だった。そのにおいは、馴染みのない私にとっては、食欲をそそるとは言い難い。少し湿っぽいようなにおいだった。

「ほら、じいちゃん。じいちゃんの米だってよ」

ご飯を盛った小さな茶碗を、上野さんが、祭壇の喜久蔵さんの遺影の前に供える。

それから上野さんは立ったまま自分の茶碗を手に、箸でその米を口に運んだ。

「うん、まあ……。古い米って感じだな」

覚えのある味だ。

「震災前の古い米とはいえ、親父が作った米を食えたのは良かったね。もうにおいとか味は、予想通り。もう二度と食べられない米だから、やっぱり嬉しいしねぇ。昔は、自分ちで米作ってるのにさ、世の中『新米が出ました』って言ってる時に、新米なんて食わねぇで、残ってる古い米を食ってたんだから。『もったいねぇ』なんつって。はっははは」

古い米を大事に食べていた、両親の姿を思い出す。

確かに、お世辞にも「美味しい」といって頬張るような米ではない。しかし、きっとこの独特のにおいと食感は、記憶に残る。

倖吏生ちゃんがスプーンですくって、小さく一口頬張った。

「おいしい……」

そしてパパの方を振り返り、こう言った。

「天国でも作ってるかも！」

貴保さんは、その様子を、黙ってニコニコと見守る。倖吏生ちゃんは黙々と食べ続ける。

「すっごい！　倖吏生。普段食わねぇのに、こんなに食ってるよ！」

上野さんも驚いていた。最後のひと口を食べ終わる。すると、倖吏生ちゃんはさっと立ち上がり、空の皿を手に台所に行く。そこで、ママに向かってこう言った。

「おかわりぃ!!」

遺影の中の喜久蔵さんと順子さんが、微笑んでいるように見えてくる。2人が真心込めて作った米の味。きっと倖吏生ちゃんの記憶の中に刻まれたに違いない。

大熊からの知らせ

ドキュメンタリー映画の制作は佳境を迎えていた。9月20日には、作品のタイトルを『Life』と決定していた。

このタイトルが浮かんだのは、私が東京駅の八重洲口で福島行きの夜行バスを待っている時だった。

私が作ろうとしている作品は、震災で家族を亡くした人たちの日々を伝えるものであり、「生きること」と同時に、「犠牲になった命」そのものがテーマだった。亡くなった命の存在と、遺された家族とを繋ぐ言葉は、Life以外にないと思った。そして後にサブタイトルを入れ、『Life　生きてゆく』を正式タイトルとした。

編集作業は、予定よりもひと月半ほど遅れていた。原因は、膨大な量の映像素材だった。2011年から毎月何度も福島などに通い、撮りためた映像は450時間を超えていた。その内容を一語一句漏らさず文字起こしする作業だけで、半年近くもかかってしまった。10月には、本格的な映像編集と構成の作業に取り掛かった。こうして12月頭に、映画の最初の粗編集が完成した。ようやく最初から最後まで通して、ストーリーが出来上がったのだ。冒頭にもってきたのは、上野さんが一人、静かに語る声。それは2012年3月15日に、私が初めて上野さんにカメラを向けた、あの日のインタビューだ。この時点でラストシーンは、2016年3月11日の場面だった。上野さんが、更地になった自宅跡で手を合わせる。そこへ永吏可ちゃんの同級生たちが、震災後初めて訪ねて来てくれる場面だ。

ところが予想もしなかった出来事が起こる。そして、ラストシーンは大きく変わることになった。

予兆はあった。11月下旬のことだ。この日も私は編集作業の合間をぬって、上野さんたちと共に大熊町に向かっていた。

「帰還困難区域」となっている熊川地区周辺で、初めて環境省が主導しての、瓦礫の片付けと行方不明者の捜索が行われると聞いたからだ。大熊町の住民のうち、残る行方不明者は木村汐凪ちゃん一人だった。木村さんは遺族として、その捜索の初日に立ち会うという。

これまで手付かずだった大熊町の瓦礫撤去と捜索を、突然、国が行うことになったのには訳がある。そこが、「中間貯蔵施設」の建設予定地に入っていたためだ。瓦礫撤去には、施設の建設準備という意味合いが大きかった。

中間貯蔵施設とは、放射能に汚染された場所を除染した際、集められた土などの放射性廃棄物を集約・保管するための施設だ。木村さんの自宅がある熊川地区も、この建設予定地に含まれていた。しかし木村さんは、自分の土地を売るつもりはなかった。そこで汐凪ちゃんの捜索を続けたい、という想いからだった。

まもなく私たちは熊川地区に到着した。秋も深まり、遠くの山々は茶色がかったオレンジ色に彩られている。目の前では、一面のススキが風に揺れ、綿毛のような穂を左右になびかせていた。

いつも捜索をしている瓦礫の集積地に行ってみると、真っ白な防護服に身を包んだ大集団が目に入る。全員が白いヘルメットとマスク姿だ。60人以上はいるだろうか。環境省の職員、そして建設業者と下請け会社の作業員たちだった。

元々あった大きな瓦礫の山は、事前に重機でならしてあった。そして50メートル四方ほどの場所には、瓦礫が幾つもの小さな山になって置かれていた。

すでに大きな瓦礫は重機でとり除かれていたため、この日は熊手や草刈り用の立鎌で、地表の細かい瓦礫を掘り進める。辺り一帯にザクザクという音が響く。

衣類や靴、ぬいぐるみや写真など、持ち主のわからないたくさんの遺留品が見つかっていた。特に衣類はすでに100枚を超えていた。一目でわかるようにと、ブルーシートの上に綺麗に畳んで並べてあった。こうしたきめ細やかな部分は、下請け会社の女性の作業員たちによる心遣いだった。

瓦礫集積地の脇にテントがある。木村さんが、案内されて入っていくと、ビニール袋で丁寧に包まれた汐凪ちゃんの遺品が保管されていた。黄緑色のランドセルカバーで、裏返すと「きむら ゆうな」と名前が書かれていた。

上野さんと福興浜団の仲間も、環境省とは別の山を、スコップで捜索し始める。

重機に加え、これだけの人手による大掛かりな捜索は、驚くほど進む。これまで何年もかけて、木村さんがボランティアの協力で続けてきた捜索とは、比べようもなかった。

「全然スピード違うね、やっぱ」

確認しきれないほどの衣類の山と格闘しながら、木村さんがポツリと言った。

それから3週間経った、2016年12月10日。私は静岡県富士宮市で、完成前の映画のプレ上映会を開催していた。そこへ、上野さんから電話がかかってきた。上野さんはこの日も、木村さんと一緒に大熊町に入っていた。

電話を切った私は、急いで自宅に戻ると撮影機材の準備を整え、新幹線で東京に向かう。その先は福島行きの高速バスに飛び乗り、大熊町に向かった。

上野さんからの電話は、前日の9日に、「瓦礫から骨が出た」という知らせだった。

奇跡の対面

月命日にあたる翌11日は、日曜日だった。震災から、丸5年9か月が過ぎた。朝の大熊町は、真冬にしては暖かく、穏やかな天気だった。柔らかな日差しが降り注ぎ、お地蔵さんの立つ丘から望むと、海はいつになく静かだった。キラキラと日光を反射する海面には、たくさんの水鳥たちが浮かび、のんびりと波に揺られている。

「おはようございまーす」

環境省の捜索現場に到着した木村さんが挨拶すると、大声で清々しい返事が返ってきた。

「おはようございまーっす!!　木村さん気をつけて、滑っから」

3週間ほど前の捜索初日とは、大分様子が変わっていた。瓦礫の山は、もうどこにも見当たらない。いまは、瓦礫をどかした下に堆積していた砂を掘り進めているところだった。20人ほどの防護服姿の作業員たちが、土をふるいにかけていた。

小石のように固まった粘土質の土を、手で崩しながら一つずつ確認する。これはこれで、途方もなく地道な作業だった。

見つかっていた遺留品の中に、小さな上着があった。汐凪ちゃんが震災当日に着ていたフリースだという。色は白で、胸の辺りにゴムの絞りが入っていた。一緒にマフラーもあった。泥にまみれて色は全くわからないが、ミッキーマウスの人形の飾りが付いている。どちらも2日前の12月9日に見つかったものだ。

そのマフラーを両手で広げながら、木村さんが言った。

「これは間違いない。汐凪と舞雪とで、お揃いで持ってたんだって。一昨日ここから、骨が落ちたって。あの、首の骨っぽい。俺も写真では見てるけど」

木村さんは、その場に立ち会ってはおらず、骨も直接目にしたわけではなかった。マフラーから骨が落ちたことに気付いたのは、女性の作業員だったという。見つかった衣類の土を払い、綺麗に畳む作業をしていた。注意深く丁寧に作業していなければ、見落としていたかもしれない。その骨はすでに警察に届けられ、DNA鑑定が行われることになったという。

午後になり、この日もそろそろ、5時間以内の滞在と決められた「一時帰宅」の終了時刻が迫っていた。午後2時頃には「帰還困難区域」から出なければならない。すでに1時半をまわり、みんな帰り仕度を始めていた。

その時だった。同行していたカメラマンの一人が息を切らして、私たちがいた木村さんの自宅跡の場所に駆け寄ってきた。

「また、なにか出たらしい」

それを聞いた途端、私は少し離れた瓦礫の捜索場所に向かって走り出した。300メートルほどの距離だ。走りながら、あともう少しというところで、カメラを回し始める。すでに木村さんは駆け付けていて、地面に置かれたチリトリの前にしゃがんでいるのが見えた。私がそこに着いた瞬間、ビニール袋が取り去られ、見つかったものが姿を現した。

長さ7、8センチ、幅4センチほどの茶色い塊が、真っ白な手袋の上に置かれていた。一見こげ茶色一色のようだが、作業員の手で裏返されると、白いものがハッキリと確認できた。

「歯だ……」

3本の歯が並んでいる。それは、歯が付いた状態の顎の骨だった。骨の付け根あたりに、突起のような出っ張りがある。おそらく顎の関節部分だろう。

発見したという作業員が、目の前にいた。

「どこにあったんですか？」

「すぐそこ。そこのいま、掘ったとこ」

私が尋ねると、指差したのは、今日もずっと作業員たちが土をふるっていた場所だ。

木村さんがその骨を手にとり、両手で優しく包んだ。取り乱している様子はなかった。眉間にしわを寄せ、じっとその骨を見つめている。そして、何かに気付いた。

「これあの、やっぱ治療してある。銀歯が詰まってんじゃねえ？ コレ」

土が付いていてよく見えないと、木村さんが、水に浸した指先で歯の表面を優しく擦ってみる。

「これ詰め物じゃないすか？ 銀の。……まだこれは乳歯。奥歯も乳歯なのかな」

木村さんは、汐凪ちゃんも歯を治療したことがあるはずだと言った。すでにどこかで、この骨は娘のものだと信じているようだった。

上野さんは、木村さんの背後4、5メートルのところにいて、自分から近くに来ようとは

たった今見つかったばかりの遺骨を手にする木村さん

しなかった。木村さんが振り返り、福興浜団のみんなに向かって、その骨を示す。そこで初めて上野さんが近付いてきて、木村さんの手元を覗き込んだ。

「1か所の治療痕では、それだけでは多分、判断は付かないからね」

上野さんはそう言って、あくまでも冷静だった。

しばらくの間、その白い歯を触っていた木村さんが、小さくため息をついた。そして、見つかった骨を「みんなに触って欲しい」と言い出したのだ。ところが、上野さんを含め、福興浜団の仲間の誰一人触れようとしない。そこには様々な想いがあったように思う。

その様子を見ていた私は、ひと呼吸おいてから、思い切って手を挙げた。

「私、触らせてもらってもいいですか？」

そして真っ白な歯を、人差し指で軽く撫でてみる。そこには確かに、触れることのできる存在があった。もちろん、ＤＮＡ鑑定の結果がわからないこの時点で、汐凪ちゃんだとは限らない。それでも、汐凪ちゃんである可能性を想像しただけで、じんわりと温かいものが胸にこみ上げてくる。「ああ、汐凪ちゃんは、確かにこの世にいたんだ」そんな気持ちになった。私にとって木村汐凪ちゃんは、ずっと写真の中でしか知らない女の子だった。

喜びではなく……

歯のついた遺骨が出てきたこの日の大熊町からの帰り、私は木村さんの車でいわき駅まで送ってもらうことになった。いわきからＪＲの特急で東京を経由し、今夜中には新幹線で静岡まで帰宅しなければならなかった。

駅に着き、列車の発車時刻までの15分ほど、車の中で木村さんと話をした。遺骨の身元が判明するまでには、１か月ほどかかるというＤＮＡ鑑定の結果を待つしかない。

「今は、やはり複雑な気持ちですか？」

「うん。なんか、自分の気持ちがよくわかんねぇけど。『すんごい嬉しい』っていう感じはないっすねぇ。ホントは喜ばなくちゃなんないことなんだろうけど、結果はね、やっぱり汐凪が帰ってくるわけではないんで」

喜べることではない、と強調した。「遺骨が出た」ということ自体にも、十分には実感が持てずにいるようだった。

「正直、見つかったらどうなのかな？　っていうのは、自分でも全然想像ついてなかったけど。うん。まだちょっとわかんないけどねぇ。実感もそんなにないし」

これまで捜索を続けてきた木村さんだったが、現実に汐凪ちゃんが見つかる可能性は低いかもしれない、そう思っていたのだという。

「妻の深雪が海に流されてたから、おそらく最後は、汐凪と深雪、2人一緒だったんじゃねぇかなって。そうすると、やっぱり汐凪も海なのかなぁって、ずっと思ってたんで。だから海に行ってて、ずっと見つからない状況になるのかなって思ってた」

どこかで、「見つからない汐凪を捜し続ける」ということで、納得しようとしていた自分がいた。

「でも陸から見つかったっていうと、それだけ、見つけてやれずに待たせてしまったことにもなるし。やっぱり俺としては、『申し訳なかった』って気持ちは強くなるしね」

まだ決まったわけではないが、遺骨が汐凪ちゃんだったとしたら、あまりに残酷な結果になってしまった。木村さんの中で後悔が次々に頭をよぎり、今度は怒りがこみ上げてくる。

「ある意味こう、いろんなところで裏切られたっていう感はあります。特に行政とかね、そういう大きなものにはね。最初の津波の報道では、『3メートル』っていう情報で、それを信じてしまったこともあったし。安全だって言われてた原発が、あんなことんなって、捜してやることができなかったっていうのもあるし。ね、大丈夫だろうって思ってた自衛隊の捜索で、結局見つけてやれなかったっていうのもあるし」

涙で、目を潤ませる木村さん。

そんな会話の中で唯一、木村さんが笑顔で語ってくれたことがある。それはこの日、上野さんたち仲間が見ている前で、遺骨が出てきたということだった。せめてもの救いは、個人的に捜索を手伝い続けてくれた仲間の存在だった。そこだけは迷いなく、心から喜んでいるように見えた。

「よくホントにね、月に2、3回しかない一時帰宅に合わせて出てきたよね。ふふっ。だって明日の平日に見つかってたんでは多分ね、こういう喜びはなかったよね。みんなの前で出てきてくれたのは本当に、そこは嬉しかったですね」

今日一番の笑顔をした木村さんが、そこにいた。

自宅に戻り、編集作業を再開した私は、ひとつの問題に頭を悩ませていた。すでにラストシーンまで出来上がっている映画のストーリーに、遺骨の発見をどのように盛り込むかということだった。それが汐凪ちゃんの骨であれば、迷いはない。だが、例えばもし、近くの墓地などから流されてきた別人の骨であれば、映画に加えることはできない。DNA鑑定の結果が判明するのは、1か月以上先だという。

この時点で、12月11日。映画の完成は、年末の予定だ。既に24日にはスタジオを予約し、仕上げとなる整音作業の予定が組まれていた。何か月も前からスケジュール調整をして、ようやく予約した日程だ。迷っている時間はない。やはり完成スケジュールを延期することはできないと判断した。

結局、既に出来上がっているパートを少しだけ短くし、発見の場面を最後に差し込む形で映像を繋いでみた。身元が判明しなければ、発見の場面は丸ごとカットするつもりだった。

こうして、12月22日の昼過ぎに編集作業を終えた。あとは、編集済みの動画データを書き出すだけとなった。翌23日には、自宅の編集システムと動画データの入ったハードディスク一式をスタジオに搬入するため、朝一番で名古屋に向かわねばならない。

その、午後のことだった。ちょうどリビングで休憩している時、私の携帯電話が鳴った。木村さんからだった。静かな口調でこう告げられた。

「この前の骨、やっぱり、汐凪だったって……」

警察から連絡があったという一報だった。

私にとっては、目の前の霧が晴れるような気持ちだった。汐凪ちゃん、やっぱりそうだったのか。

予定よりも随分早く判明したのにも驚いたが、今日が最後の編集日だった私にとって、その知らせが届いたタイミングは、とても偶然とは思えなかった。何か、汐凪ちゃんの意思が働いているようにも思えた。私は急いで、編集済みの映像に一枚の画面を追加した。黒をバックに、白い文字でこう記した。

《2016年12月22日　遺骨は木村汐凪ちゃんだったと判明》

まるで、パズルのピースがはまったような感覚だった。震災から5年9か月。上野さんが当初から繰り返していた言葉が、図らずも、正しかったと証明される結果になった。

「誰かが捜しているかぎり、見つかる可能性はゼロじゃない」

上野さんがいつも、一点の曇りもない口調で「ゼロじゃない」と語っていた、その表情を思い出していた。

サイレンと倖吏生

年が明けた3月の、ある日の午後。私は再び南相馬にいた。空はどこまでも青く晴れ渡っているが、冬の大気は冷え切っていて、手袋なしではとても耐えられない寒さだ。

上野さんは今年も自宅の前の土地で、菜の花を育てていた。端から端まで100メートルほどの大きな畑では、緑の株が一面に育ち、春の訪れを待ちわびていた。そこを、福興浜団の仲間5、6人が往復しながら、手作業で肥料を撒いている。

「育って来たよね。上を向いて来たよ」

菜の花の成長を確認しながら、上野さんが先頭に立って進む。左手に持ったバケツには、肥料が目一杯入っている。右手で肥料を一摑みすると、腰をかがめ、地表にへばりついた株の根元に優しく置いていく。目に付く雑草を抜きながら、一歩一歩前に進む。

春に咲く菜の花は、開花して見頃を迎えてからは2週間ほどの寿命だ。この短い開花時期を迎える前に、ずっとずっと長い冬を越している。厳しい冬の間、こうして見守りながら手間をかけているからこそ、春にあれだけ美しく咲き誇るのだ。

肥料を撒く大人たちの中に一人、小さい子がいる。黄色い長靴を履き、ピンク色の小さなバケツを抱えた倖吏生ちゃんだ。5歳になっていた。緑に茂った菜の花の株の間を、トコトコと歩く。カーキ色のジャンパーの襟元から覗く白いフードには、うさぎのような耳がついていた。フードをかぶり、ぴょんぴょんと、うさぎの真似をする。

「ちぃちゃーん！」

見ると、腕をぶんぶん振り回している。手のひらに小さな肥料の粒を握りしめ、回した腕の勢いで、ばら撒いていた。隣にいた貴保さんが困ったように言う。

「ちょっとぉ、靴の中に入るでしょ！」

貴保さんのスニーカーには、肥料の粒が元気よく飛び込んできた。

倖吏生ちゃんは、自分のことを〝ちっちゃい花咲かじいさん〟だと言いながら、ご機嫌で肥料を撒いている。私も倖吏生ちゃんと並んで、菜の花畑を歩いた。

「それを撒かないとね、菜の花が大っきくならないんだって」

「知ってるぅ。ようちえんでも、そだてたことあるから」

倖吏生ちゃんが得意げに答えた。こうして菜の花の世話を手伝う姿は、確実に、お父さんの背中を見て育っている。

時刻が午後2時半を回る頃には、家々の跡地に置かれた祭壇の周りに、萱浜の住民たちの姿が現れ始める。それぞれに花を供え、自分の家の祭壇を綺麗にしながら、その時刻が来るのを待つ。今日は3月11日、震災から丸6年を迎えた。

ウウウーー……

萱浜に、今年もサイレンの音が響き渡る。貴保さんが肥料を撒く手を止めて、他のボランティアの仲間と共に海に向かって黙祷する。海岸の方に目をやると、すでにコンクリートの堤防が完成し、震災後に見えていた水平線は全く見えなくなっていた。

1分間の黙祷の間、倖吏生ちゃんの姿を捜したが、見当たらない。どこか目の届かないところへ遊びに行ってしまったようだ。

この黙祷の意味を、倖吏生ちゃんが理解するのは、まだもう少し先になりそうだ。

航空写真の笑顔

1年後。2018年の年が明け、私は完成したドキュメンタリー映画の上映のために、全国を飛び回っていた。一方で私の福島通いも、以前と変わらないペースで続いていた。

映画の完成は、私にとって、区切りでも終わりでもない。2011年の夏に初めて一人で南相馬を訪れて以来、そこで出会った人たちとの繋がりは、私にとって大切な生活の一部となっていった。いまでは、日常の中にある、かけがえのない存在だ。

完成した映画のＤＶＤは1年前、２０１7年の年明けに、まず真っ先に上野さんに送った。

《全部みました。ありがとうございました。良かったです》

そういって、上野さんからすぐにメールが返ってきた。

しかし最近になって、実際は上野さんが、映画の内容を全部通して観ることができていないと知った。理由は、映画の中に昔のホームビデオに映る子どもたちが出てくるためだった。ビデオに映る永吏可ちゃんと倖太郎くんの姿を、上野さんは今もまだ、「怖くて」観ることができないという。

「いつか、そのうちにね。観られるようになる日が来るかなぁとは思っているけどね」

上野さんは、そう言ってくれている。私もそう思っている。心の歩みは、相変わらずゆっくりと、だが確実に前に進んでいると感じるからだ。

そして、まもなく震災から7年を迎えようとしていたある日、上野さんから突然こんなメールが届いた。

《航空写真に倖太郎とばあちゃんが写ってる！　涙！》

それは、地元の農協が組合員向けに、各農家の自宅周辺を写して販売している航空写真のことだった。震災の前の年の9月に撮られたもので、上野さんは、たまたまその写真が農協に残っていると知り、問い合わせをしていたのだ。

写真を見て、私も驚いた。斜め上から捉えた上野さんの自宅と、家の周りの納屋やビニールハウスの全景が写っているのだが、よく見るとそこに人が写り込んでいる。

自宅の縁側で、ガラス戸を開けて庭を眺めるのは、上野さんの母の順子さんだ。そのポーズは、ガラス戸のサッシに寄りかかるようにして、足は立ったまま組まれている。くつろいだ感じが伝わってくる。細かい表情は見えないが、きっと笑顔だろう。

順子さんの視線の先には、庭に出した水色のビニールプールがある。そこで浮き輪に乗って泳ぐ倖太郎くんの姿が写っていた。倖太郎くんは後ろ姿だが、水しぶきを上げながら、バシャバシャとやっている雰囲気がよく出ていた。3歳になって間もない倖太郎くんとおばあちゃんとの、なんでもない日常のひとコマだった。

思いがけないところで、2人の姿と再会した上野さんは、きっとまた泣いているに違いない。それも悲しみではなく、嬉しくて涙が出そうな出来事だった。

その写真を見ていると、いまだ行方不明の倖太郎くんが、天国では、おばあちゃんに見守られているような気がしてくる。順子さんが、倖太郎くんを想い続ける息子のために、こうして上野さんに姿を見せに連れて来てくれたようにも感じた。

上野さんの心の中に生き続ける家族の存在は、決して色褪せない。

「亡くなった人たちの存在は多分、僕の中では、すごく大きいと思うので。永吏可、倖太郎だけではなくて、両親もそうだし。うん。この地区の人たちのこともだし。それは、すごく大きいような気はするね」

上野さんに、「亡くなった家族を感じるのは、どんな時か」と聞いた。

「うーん、感じるというか、意識するよね。やっぱりその、亡くなった人たちみんなに動かされてる部分が、自分の中にはあるんだろうなぁと思うし。なんて言うんだろう、自分ではもともと、ホントに決して、人に優しい人間ではなかったので。うん」

ちょっとだけ苦笑いして、上野さんが言った。自分がいま、人に優しくできるようになったのは、亡くなった人たちのおかげだという。

「みんなに動かされてるような感じがするね。まあ、俺にできることは限られてるけど、それでも、やっていきますよ。うん。亡くなった人たちに対して、いま自分ができることを全てやろうと思うし、『自分が生きてるうちは、やるから』と思っているからね」

上野さんが亡くなった家族を想う時、そこにはいつも過去の思い出の写真があった。怖くてなかなかじっくりとは見られない上野さんだったが、写真の存在はいつも、亡き家族と遺された自分たちを繋いでくれていた。

自宅の祭壇には4つの額縁が置かれている。亡くなった家族は、その遺影の中で静かに微笑む。あの日のまま、4人の時間は止まってしまった。一方で、遺された家族の時間は流れ続ける。それぞれに歳を重ね、いずれは人生を終える。その日までを、いかに生きるか。それこそが、震災後、上野さんが日々考え続けてきたことだった。

被災した自宅が解体される直前、初めて写したあの7人の家族写真を、改めて眺めてみる。

そこに写る上野さんは、まぎれもなく笑顔だった。

いつか天国で一緒に笑いあえる日まで。俺は、生きていくよ――

まるで亡くなった家族に対しての、決意表明のようにも見えた。

エピローグ　物語はつづく

あれから2年。2020年2月下旬のある週末、私は南相馬市に向かっていた。東京発の新幹線で福島駅のホームに降り立つと、ひんやりとした空気に、思わず身震いする。駅前から高速バスに乗車してまもなく、右手の車窓からは眼下に福島市街、はるか遠くには雪に覆われた雄大な奥羽山脈が見えてくる。峠を越え1時間45分、南相馬市に到着した。

萱浜地区では、今年も一面に菜の花畑を育てている。地を這うように葉を広げた菜の花の株が、阿武隈高地から吹き下ろす西よりの冷たい強風に懸命に耐えていた。周囲の至る所には、細かい瓦礫が顔を出している。

上野敬幸さんは仲間数人と、地面に腰をかがめて瓦礫を拾っていた。砕けた屋根瓦や瀬戸物の破片、ライターや子供用のフォークまである。津波で壊された被災家屋の瓦礫だ。

東日本大震災からまもなく9年だというのに、いまだに瓦礫に悩まされている。上野さんたちは、それらを一個一個手作業で拾っていく。

「早く菜の花、咲かねぇかなあ」

上野さんが、ひと言つぶやいた。2か月半後、ここは笑顔溢れる菜の花迷路になる。

この萱浜で、私もカメラを回し続けている。映画完成の時には450時間あまりだった記録は、その後も増え続け、すでに580時間に達した。その分だけ物語は続いている。

小学2年生になった倖吏生ちゃんは、誕生日を迎え、姉の永吏可ちゃんと同じ8歳になった。ここから先は、お姉ちゃんの知らない年齢を生きてゆく。

私が訪ねていくと、自宅の祭壇の足元に、倖吏生ちゃんが最近もらったという一枚の賞状が飾られていた。「福島県書きぞめ展奨励賞」とあった。

「お姉ちゃんより上手くなりたい」

そう言って、張り切って練習していると、貴保さんがにっこりしながら教えてくれた。姉の永吏可ちゃんも習っていた習字を、倖吏生ちゃんも先月から習い始めた。3年生になったら、クラスの代表に選ばれて市の美術展に作品を出すことが目標だという。

2017年に公開した映画『Life 生きてゆく』の上映は、現在も続いている。完成から丸3年で110回の上映を数え、のべ1万2000人が鑑賞するまでになった。中でも印象深い上映会がある。その日、私が訪ねたのは東京都千代田区にある東京電力本社だった。2017年6月に就任した小早川智明社長以下、幹部や管理職120人を前に、社内の一室で上映会を開いた。上映後には私と上野さん、木村紀夫さんとの鼎談も行われた。上野さんがあれだけ待ち望んだ、東京電力社長との対面だった。

会の最後、社長は私たちの目の前に立ち、こう語った。

「皆様の悲しみ、それからお怒りに、非常に胸が締め付けられる想いです。本当に申し訳ございませんでした。どれだけその道のりが辛くとも、また決してお怒りが消えることはないと思いますけども、しっかりと向き合って取り組んで参ることをお約束したいと思います」

その言葉に、上野さんがゆっくりと頭を下げ、少しだけほっとした表情を見せた。

それから半年をかけて、東京電力の地方の支社などでも上映会が開催された。映画を観た社員たちからは、419人分の感想が届いた。こうして映画を通して、上野さんたちの言葉を直接、東京電力で働く人たちにも届けることができた。

この3月には、東日本大震災から9年を迎える。上野さんにとって3月11日は〝節目〟などではなく、365日の中の1日に過ぎないという。朝起きて、いつものように遺影の中の4人に声をかけ、家族3人での変わらない日常を過ごす。

私もまた来月、3月11日には萱浜を訪ねることにしている。私にとっては、上野さんから教えられた命の重みに想いを馳せ、その犠牲を心に刻む日だ。そのためにも、やはり現地に足を運び続けることが、私の原点だと思っている。

この度の書籍刊行にあたり、2011年から映画制作を経た7年間の道のりを執筆する機会に恵まれた。取材者である自分の目から見た新たな視点を交えることで、映画とは違った、もう一つの物語を紡ぎだしていった。

不慣れな執筆作業を最後までやり抜くことができたのは、ひとえに多くの方々のご協力と温かい眼差しがあったからこそである。

まずは、主人公である上野さんご一家には、感謝してもしきれない。2011年の出会いから現在に至るまで、毎月のように訪ねてくる私を受け入れてくださり、多くの大切な言葉を託してくださった。映画が完成した時も、今回の書籍出版が決まった時も、自分のことのように喜んでくださったことが何よりも嬉しかった。妻の貴保さんや次女の倖吏生ちゃんにも、撮影する私のことを、いつも温かい目で見守って頂いた。ご一家の協力なしに、この書籍が世に出ることはなかっただろう。

さらに、この物語にとって欠かせない存在である、上野さんや木村さんの亡くなったご家族にも、助けて頂いたと思っている。執筆にあたっては、何より、東日本大震災で犠牲になった命に想いを馳せながら、一文字一文字を大切に記していった。

あの震災による命の犠牲を、後世の教訓として伝え続けていくことも、この書籍に託された一つの役割だと考えている。

最後に、今回の執筆を始めるにあたり、きっかけを下さった作家の髙山文彦さんにも深く感謝申しあげたい。映像表現を生業とする私にとって、髙山さんにお声かけ頂かなければ、おそらく、この作品を執筆することはなかっただろう。

こうして活字になった物語は、幸運にも「第26回小学館ノンフィクション大賞」受賞という栄誉を与えられた。そのことで私は、自分の足で福島に通い続け見出したこの物語が、時間を経てもなお色褪せず、語り継がれるべき話だということを再確認する思いだった。

書籍として出版された今、改めてこの物語が人々の心に響き、記憶に刻まれ続けていくことを願ってやまない。

2020年2月　笠井千晶

装幀　名久井直子
カバー写真　岩波友紀（福島県双葉郡大熊町で取材する筆者）
Rain field Production（南相馬市で行方不明の上野倖太郎くんのブーツ）

笠井千晶（かさい・ちあき）

1974年生まれ。山梨県市川三郷町出身。ドキュメンタリー監督。静岡放送、中京テレビに勤務の後、2015年フリーに。テレビの報道現場で働く傍ら、東日本大震災後の福島へ一人で通い撮影した長編ドキュメンタリー映画『Life 生きてゆく』（2017年）で、第5回 山本美香記念国際ジャーナリスト賞受賞。同作での取材をもとに執筆した本作で、第26回小学館ノンフィクション大賞受賞。

映画「Life 生きてゆく」公式ホームページ http://life-movie.main.jp

本文写真　福興浜団（99ページ）
　　　　　Rain field Production

家族写真　**3.11 原発事故と忘れられた津波**

2020年6月15日　初版第1刷発行

著　者　笠井千晶
発行人　鈴木崇司
発行所　株式会社　小学館
　　　　〒101-8001　東京都千代田区一ツ橋2-3-1
　　　　電話　編集　03-3230-5966
　　　　　　　販売　03-5281-3555
印刷所　凸版印刷株式会社
製本所　株式会社　若林製本工場

Printed in Japan　ISBN978-4-09-388767-0